함께 있으면 즐거운 사람
함께 있으면 피곤한 사람

KB066418

Someone who is

Happy

함께 있을 때 즐거운 사람에게는 없던 운도 생긴다

함께 있으면 즐거운 사람
함께 있으면 피곤한 사람

아리카와 마유미 지음 **김정환** 옮김

Tired

to be with you

센시오

'함께 있으면 즐거운 사람'이 되는
사소하고도 가벼운 요령들

함께 있으면 마음이 편안해지고 기분이 밝아지며 계속 이렇게 대화를 나누고 싶다는 생각이 드는 사람이 있다. 자신도 진심으로 즐거워하는 가운데 주위 사람들을 배려하고 다정하게 대하는 그런 사람.

　저 사람과 있으면 왜 즐거워질까?
　저 사람과 시간을 보내고 나면 왜 또 만나고 싶을까?
　저 사람과 대화를 나누면 왜 친구가 되고 싶어질까?

　이 책은 '함께 있으면 즐거워지는 사람'의 대화법과 행동 습관, 사고방식의 핵심을 소개하고 있다. 이 책에서 소개하는 것들을 실행하는 가운데 여러분은 자연스럽게 '함께하면 즐거운 사람'으로 인식될 것이다. 무엇보다도 편안한 마음으로 좋은 인간관계를 맺을 수 있게 될 것이다.

어떻게 하면 그런 사람이 될 수 있을까? 본래의 활기찬 나, 사랑이 넘치는 나를 되찾기만 하면 된다. 불필요한 불안이나 두려움으로 마음을 채우지 않아야 한다. 그러면 누구나 '함께 있으면 즐거운 사람'이 될 수 있다.

그런데 안타깝게도 세상에는 함께 있으면 즐거운 사람이 있는가 하면, 함께 있기만 해도 피곤해지는 사람도 있다. 자신도 모르는 사이에 상대의 정신력을 극도로 소모시키는 사람 말이다. 문제는 그런 사람은 자신이 무얼 잘못하고 있는지 자각하지 못한다는 점이다. 그런 사람은 왜 타인을 피곤하게 만들까? 이 책은 그처럼 피곤한 사람이 되지 않기 위한 포인트와 피곤한 사람에 대처하는 방법도 소개하고 있다. 당신 자신과 주위 사람들을 생각하면서 읽어 보기 바란다.

'함께 있으면 즐거운 사람'이 된다면 인간관계에서 오는 스트레스를 크게 줄일 수 있다. 또 많은 사람이 나를 뒷받침해 주고 있음을 실감하게 된다. 또 호감을 사서 어떤 일이든 원활하게 해 나갈 수 있다. 무엇보다도 삶의 기쁨과 즐거움을 다른 사람들과 공유할 수 있게 된다. 나의 행복을 주위 사람들이 함께 기뻐해 주고, 나 역시 타인의 행복을 기뻐하는 관계가 만들어진다면 인생은 몇 배로 풍요로워진다.

인간관계를 맺을 대상을 능동적으로 선택할 수 있는 오늘날, '함께 있으면 즐거운 사람'과 '함께 있으면 피곤한 사람'은 하루하루를 살아가는 동안 느끼는 풍요로움의 차이가 점점 커질 것이다. 누구나 '함께 있으면 즐거운 사람'으로 살면서 즐겁고 행복한 인생을 만끽하고 싶을 것이다.

분위기를 밝게 만들고 상대에게 호감을 주는 사람의 가장 큰 특징은 대화가 즐겁다는 점이다. 어떤 상황에서도 웃는 얼굴로 흥겹게 이야기를 나눌 수 있는 사람이 곁에 있다는 사실만으로도 흥겨워지고 마음이 든든해지지 않는가? 이처럼 '대화가 즐거운 사람'이 되는 비결을 전수하는 것으로 이 책을 시작하고자 한다.

아리카와 마유미

차례

같이 있으면 자꾸만 피곤해지는 사람
주변에 꼭 있는 '이런 사람' 대처법

신경 쓰지 않으면 삶이 가벼워진다
마음의 갈림길에서 좋은 것만 선택하기

매력적인 사람에게는 이유가 있다
품위 있고 나다우며 원만한 사람들

주변을 변화시키는 칭찬의 기술
내가 행복해지는 최고의 전략

나를 피곤하게 만드는 사람에게는 이렇게

주변의 불편한 존재를 다루는 기술

CHAPTER

1

왜 그 사람과 이야기를 나누면
기분이 좋아질까?

함께 있으면 즐거워지는 대화의 기술

잘 들어 주기보다는
이야기를 끌어내는 것이 중요하다

1

"이 사람과 대화를 하다 보면 자꾸만 말이 하고 싶어져."

나보다 어린 사람과 대화하면서 나도 모르게 훈계조가 되어 버리거나 쓸데없이 오지랖을 부리지는 않는가?

"이렇게 하는 편이 나아."

"일이라는 게 다 그런 거야."

그러다 문득 상대의 얼굴을 들여다보면 어떤 표정을 짓고 있던가? 애써 이야기를 듣는 척하지만 정신은 다른 곳에 가 있다. 따분한 것이 당연하다.

나만 일방적으로 말하고 있다는 사실을 깨달았을 때 하기 쉬운 행동 가운데 하나가 "남자 친구는 있어?", "회사 일은 즐거워?" 같은 질문 공세를 하는 것이다. 그러면 상대는 대체로 "아, 네……." 라고 얼버무리고 만다. 더 이상 말하기 싫다는 뜻이다.

함께 있으면 즐거운 사람, 함께 있으면 피곤한 사람

흔히들 대화가 즐겁기 위해서는 화제가 흥미로워야 하고 대화가 끊겨서 침묵의 공백이 생겨서는 안 된다고 생각한다. 하지만 정말 그럴까? 사람은 누구나 자신의 이야기를 할 때 대화가 즐거워지고 기분이 좋아진다. 나의 이야기에 상대가 흥미를 갖고 적절한 반응을 보이면 계속 이야기를 주고받게 되고 점점 흥겨워진다. 그러면서 드는 생각. '이 사람과 이야기를 나누면 즐거워.' 이야기를 잘 듣는 것보다 이야기를 하도록 끌어내는 것이 더 중요하다는 말이다.

그렇다면 상대가 계속 이야기를 하게 해서 대화가 흥미로워지도록 만들기 위해서는 어떻게 해야 할까? 다음 세 가지를 생각해 보자.

① 감정의 리액션을 보내라

상대의 반응이 약하면 말하는 사람은 대화에 흥미를 잃고 주눅이 든다. 그렇다고 "아, 그래요?", "그거 흥미롭네요.", "어이쿠, 저런……." 등의 말로 과도하게 표현할 필요는 없다. 당신의 이야기가 재미있고 놀라우며 즐겁다는 감정을 표정에 담거나 몸짓으로 보여 주면 된다. 그러면 대화의 분위기가 고조된다.

② 곧바로 상대에게 말할 기회를 주어라

내 이야기를 하면서도 상대에게 말할 기회를 주려고 의식해야 한다. 대화의 캐치볼이 즐거워지는 비결은 내가 공을 오래 갖고 있지 않는 것이다. 추천하는 말로는 "○○ 씨는 이럴 때 어떻게 해요?", "○○ 씨는 어떻게 생각하세요?", "○○ 씨는 이런 적 없어요?" 등이다.

③ 상대가 즐거워할 수 있는 화제를 찾아라

누구나 자신이 좋아하고 잘하는 것이나 성공했던 일, 관심을 가지고 있는 문제에 대해서 이야기하고 싶어 한다. 하지만 문제가 있다. 이런 주제에 관해서는 술술 이야기를 풀어낼 수 있지만, 당사자가 먼저 이야기를 꺼내기가 부담스럽다는 것이다. 그러니 내 쪽에서 먼저 슬쩍 꺼내자. 그런데 그 사람이 무엇을 좋아하고 잘하는지 어떻게 알지? 이에 관해서는 다음 글에서 자세히 소개하겠다.

함께 있으면 즐거운 사람, 함께 있으면 피곤한 사람

상대가 즐거워할
화제를 찾자

2

"이 사람과 대화하면 나를 드러낼 수 있어서 좋아."

상대방의 이야기를 끌어내는 천부적인 재능을 가진 인물 가운데
한 사람이 유명 사회자인 타 모리(森田一義, 일본의 방송 MC이자 영
화배우. 우리나라에서는 옴니버스 영화 〈기묘한 이야기〉 시리즈의 진행자
로 알려져 있다)다. 어떤 방송에서든 편안하게 질문을 하면서 상대
의 말문을 열 주제를 찾아낸다. 처음 만나는 사람이라면 "키가 참
크네요. 무슨 운동 같은 거 하셨어요?" 등 외모의 특징에서 시작
하고, 몇 번 만난 사람이라면 "지난 휴일에는 뭐 하셨죠?", "오, 온
천에 다녀오셨다고? 어느 온천을 즐기죠?"와 같이 가벼운 잡담을
하면서 상대의 말이 끊어지지 않도록 배려한다.

　상대방이 편하게 이야기를 하도록 유도하는 포인트 가운데 하
나가 즐겁게 이야기할 수 있는 화제를 찾아내는 것이다. 그 방법

은 다음 두 가지다.

① 질문을 던지면서 상대가 자신도 모르게 말문을 열게 되는 주제를 찾아낸다

이때의 질문에는 명확한 목적이 있다. 상대에게 어떤 '서랍'이 있는지 찾아내는 것이다. 상대가 좋아하는 것이나 잘하는 것을 어느 정도 알고 있을 경우에는 그쪽으로 범위를 좁히면 된다. 그러면 상대가 보다 적극적으로 대화에 임할 뿐 아니라 이야깃거리가 점점 풍부해진다.

"○○ 씨는 해외여행 경험이 많다고 들었는데, 어느 나라가 가장 인상적이었나요?"

상대의 겉모습이나 사전에 입수한 정보 등을 바탕으로 일, 가족, 경험, 최근에 열중하고 있는 것 등 상대가 즐겁게 이야기할 것 같은 화제를 꺼내는 것이다.

② 그런 다음에는 또 다른 질문으로 대화를 이어 간다

상대의 서랍에 들어 있는 것이 무엇인지 알았다면 다음에는 그것과 연관된 질문으로 대화를 이어 간다. 예를 들어 창작 활동을 하는 사람과 대화한다면 "어떨 때 아이디어가 떠오르나요?", "어떤 계기로 그와 같은 창작 활동을 시작하게 되셨죠?", "어렸을 때의 그 경험이 터닝 포인트가 되었군요. 그런데 ○○ 씨는 어렸을 때 어떤 아이였죠?" 같은 질문을 하는 것이 좋다. 주의할 점은 상대

가 답하기 막연한 질문은 피하고, 육하원칙(누가, 언제, 어디서, 무엇을, 어떻게, 왜)에 따라 대답할 수 있는 질문을 해야 한다는 것이다. 그러면 상대도 대답하기 편하고 대화가 이어질 가능성도 높아진다.

'어떤 계기로 그 일을 좋아하게 되었죠?'라는 질문은 상대의 본질에 다가가는 마법의 질문이다. 이런 질문을 받으면 상대는 이 사람과 이야기를 나누면 나를 드러낼 수 있어서 기분이 좋다는 느낌을 갖게 된다.

자신에 관해서 이야기할 때는
상대의 이야기에 연결시킨다

3

"당신에게는 어떤 이야기가 있나요?"

상대가 기분 좋게 대화하도록 하기 위해 내 쪽에서 너무 말을 아낄 필요는 없다. 한쪽만 이야기를 하면 말하는 쪽도 듣는 쪽도 점점 피곤해지고 이야깃거리가 점점 줄어들어 결국에는 화제가 고갈되고 만다. 서로가 대화에 참여해 양쪽 다 즐거울 때라야 '즐거운 대화', '흥겨운 대화'가 이어질 수 있다.

그러나 내가 하고 싶은 이야기를 다짜고짜 꺼내기가 쉽지는 않다. "제가 ~를 좀 잘합니다만……."이라고 이야기를 꺼냈는데, 상대가 그 주제에 흥미를 갖지 않을 수도 있다. 이럴 때 필요한 것이 자신에 관해 이야기하면서 상대방의 이야기에 연결시키는 테크닉이다.

이와 같은 테크닉이 매우 뛰어난 사람이 앞에서 언급한 타 모

함께 있으면 즐거운 사람, 함께 있으면 피곤한 사람

리다. 상대가 온천을 좋아한다는 사실을 알았다면 "내가 아주 좋은 온천을 알고 있는데 말이야…….", "온천에 들어갔다 나와서 즐기는 커피 우유는 정말 꿀맛이라니까.", "온천 이야기가 나와서 생각이 났는데, 예전에 이런 일이 있었지."와 같이 '온천'이라는 키워드에 자신이 가진 정보를 연결시켜 대화를 이어 간다. 그러면 상대는 대개 "오오, 그렇군요." 하고 흥미진진하다는 반응을 보인다.

상대가 이야깃거리를 생각하고 있을 때는 조용히 기다리고, 상대가 이야기할 거리가 별로 없어 보이면 내가 적극적으로 말을 꺼낸다. 타 모리는 이러한 배려를 통해 절묘하게 대화의 줄다리기를 하는 것이다(물론 상대는 의식하지 못한다). 대화의 캐치볼을 할 때는 혼자서 공을 독점하지 않아야 한다. 상대의 페이스에 맞추어 공을 던져 주기도 하고 때로는 계속 들고 있기도 해야 한다. 그리고 내 이야기를 하는 가운데 "나는 이렇게 생각하는데 너는 어떻게 생각해?", "너는 그런 적 없어?" 등의 질문을 해서 상대가 대화에 참여하도록 유도하는 일을 잊지 말아야 한다.

얼마 전에 친구의 아들(20대, 학생)과 함께 커피를 마실 기회가 있었다. 나는 대화를 하기 위해 좋아하는 TV 프로그램이나 대학 생활, 취미 등 그 아이의 서랍을 이리저리 뒤져 보았다. 하지만 이렇다 할 이야깃거리를 찾을 수 없었다. 그래서 서먹서먹한 분위기 속에서 커피를 홀짝거리던 중 문득 그 아이가 이런 말을 했다.

"사실은 저, 장사에 흥미가 있어요. 돈을 엄청나게 많이 벌고 싶어요."

흥미를 느낀 나는 "어떤 장사에 흥미가 있는데?"라고 물어본 뒤 내 주변 사람의 사례를 들려주었다. 그러자 그 아이도 관심을 보였고, 시간 가는 줄도 모른 채 한밤중의 스타벅스에서 3시간이나 이야기꽃을 피웠다.

누구나 서랍의 어딘가에 남에게 들려주고 싶은 자기만의 이야기를 숨기고 있다.

함께 있으면 즐거운 사람, 함께 있으면 피곤한 사람

즐거운 대화의 기본은
상대방에게 호의를 품는 것

4

"호감을 갖고 있다고 어떻게 전할까?"

화술이 뛰어나면 대화를 유쾌하게 이끌 수 있다. 하지만 가장 중요하고도 기본적인 요소는 대화를 나누는 상대를 좋아하느냐 아니냐다. 만약 '이 사람 마음에 들어.', '느낌이 좋은 사람이야.'라는 마음이 상대에게 전해진다면 자연스럽게 대화는 흥이 나고 관계도 매끄러워진다. 반대로 상대를 부담스러워한다면 절대로 대화에 흥이 날 수 없다. 물론 관계도 원활해지지 않을 것이다.

하지만 호의를 품고 있는데도 그러한 마음을 상대에게 제대로 표현하지 못한다면 큰 손해가 아닐 수 없다. 그런 상대와 이야기할 기회가 생겼을 때 짤막하게 대답만 한다면 상대는 이런 생각을 가질지도 모른다. '나하고 이야기하고 싶지 않은 건가?'

마음을 표현하는 일은 어렵지 않다. 당신과 이야기를 나누고 싫고 앞으로 잘 지내고 싶다는 마음을 나타내기 위해서 다음 세 가지를 의식하자.

① 상대의 이름을 반복해서 부른다

대부분의 사람은 상대가 이름을 불러 주는 것만으로도 '이 사람이 나를 소중하게 여기는구나.'라고 생각한다. 처음 만난 사람이라도 그가 이름을 가르쳐 주었다면 "○○ 씨는 어떤가요?", "○○ 씨는 목소리가 참 좋네요."와 같이 질문이나 대화를 하면서 이름을 계속 불러 주자(이름을 외우는 데에도 도움이 된다). 이름은 그 사람에게 가장 소중한 말이다. 이름을 불러 주는 상대에게 호감이나 친근감을 느끼는 것은 당연한 일이다.

② 웃는 얼굴로 이야기한다

상대의 웃음을 보고 싶다면 내가 먼저 웃는 얼굴을 보여 주어야 한다. 생글생글 웃으면서 이야기하면 분위기가 부드러워지고 상대도 말하기가 편해져서 자연스럽게 대화가 흥겨워진다. 반대로 무표정하거나 반응이 없으면 대화 자체가 그만 피곤해지고 만다. 억지로 활짝 웃을 필요는 없다. 살짝 미소를 띠는 정도라면 누구나 할 수 있을 것이다.

③ 공감의 맞장구를 쳐 준다

말을 잘하지 못하더라도 "와.", "진짜요?" 같은 감탄이나 "저도 그

함께 있으면 즐거운 사람, 함께 있으면 피곤한 사람

렇게 생각해요.", "맞아요." 등의 맞장구를 쳐 주면 상대는 기분이
좋아져서 신나게 이야기한다. 감탄과 맞장구만큼 말하는 사람의
의욕을 불러일으키는 리액션은 없다.

이름을 불러 주고 웃음을 띠고 맞장구를 쳐 주다 보면 당신은
상대가 더욱 좋아질 것이다. 이렇게 하면 상대뿐만 아니라 당신
의 기분도 좋아지는 효과가 있다.

대화의 계기가
반드시 특별할 필요는 없다

5

"별로 친하지도 않은데, 어떻게 말을 걸지?"

대화가 즐거워지도록 만드는 사람은 이야기를 꺼내는 솜씨가 뛰어나다.

대부분의 사람이 처음 만나는 사람, 잘 모르는 사람에게 말 걸기를 부담스러워한다. 상대가 무엇을 좋아하고 무엇에 흥미가 있는지, 어떤 일을 하는지 알 수가 없으니 조심스럽다. 다짜고짜 "취미가 뭐예요?"라든가 "무슨 일을 하세요?"라고 물어보는 것도 예의가 아니라는 생각이 든다.

또 상대가 직장 상사나 동료라도 회식 자리에서 옆에 앉았을 때 어떻게 말을 걸어야 할지 모르겠다는 사람도 있다. 업무 이야기를 꺼내기도 거북하고, 사적인 이야기를 하는 것도 왠지 내키지 않는다.

함께 있으면 즐거운 사람, 함께 있으면 피곤한 사람

그러나 어렵게 생각하지 말자. 반드시 재미있거나 생산성 있는 화제를 꺼낼 필요는 없다. 누구나 공유할 수 있는 평범한 이야깃거리만으로도 얼마든지 대화의 계기를 만들어 낼 수 있다. 간편한 것으로 날씨나 계절 이야기가 있다. "오늘은 꽤 쌀쌀하네요. 저는 남쪽 지방 출신이라 추위에 약해서……."라고 말하면 상대방에서 "아, 그래요? 저도 추위에 약한 편이에요. 그래서 항상 여벌의 옷을 갖고 다녀요."라고 응하거나 "아, 남쪽 출신이었군요. 정확히 고향이 어디신가요?"라고 물어보기 마련이다. 또 "오면서 벚꽃이 피어 있는 걸 봤어요. 이 시기에 벚꽃이라니, 참 드문 일이네요."라고 말하면 상대방이 대화에 살을 붙여 줄지도 모른다.

왠지 모르게 서먹서먹하고 불편한 자리에서 대화의 물꼬를 트고 싶어 하는 것은 상대방도 마찬가지다. 때문에 내 쪽에서 먼저 말을 걸어 준다면 고마운 마음에 상대방도 호의를 보이기 마련이다. 잡담을 하듯 편하게 이야깃거리를 꺼내면 상대도 편안한 마음으로 응답해 올 것이다.

당장 시야에 들어온 것이나 머릿속에 떠오른 생각을 말하는 것도 좋다.

"이 회의장 참 멋져요. 식사도 맛있고요. 나중에 점심을 먹으러 와도 좋을 것 같아요."

"파란색 원피스가 잘 어울리시네요. 저도 파란색을 좋아해요."

뿐만 아니라 아침 뉴스에서 들은 것, 지하철에서 발견한 것, 그 자리의 분위기 등등 내가 보고 듣고 느낀 것을 솔직하게 말하면 내가 어떤 사람인지 알릴 수 있다.

대화는 마음을 열겠다는 작은 용기에서 시작된다. 당신과 이야기하고 싶다는 마음이 전달되기만 한다면 그것으로 충분하다.

유머가 있는 사람과 함께 있으면 마음이 편안해진다

6

"저 사람의 웃는 모습을 보고 싶어."

직장 동료, 가족, 친구, 연인 등 어떠한 인간관계에서나 즐겁기 위해서는 웃음이 있어야 하지 않을까? 코미디언이 주는 것 같은 큰 웃음은 아닐지라도 기분이 흐뭇해지고 오늘 참 즐거웠다는 여운을 남기는 그런 유머 말이다.

유머가 있는 사람을 보면 매력적일 뿐만 아니라 이 사람은 인생을 즐기는구나, 라는 느낌을 준다. 마음에 여유가 있고 머리가 좋다는 느낌도 준다. 흔히들 유머 감각은 선천적으로 타고나는 것이라 생각하지만 반드시 그렇지만은 않다. 사실 대부분의 유머는 습관에서 비롯된다. 오사카 사람들이 이야기를 하면서 웃음이 터져 나오는 한마디로 대미를 장식하는 이유는 주위 사람들이 다들 그렇게 하기 때문이다. 항상 웃음을 줄 생각을 하면서 이야기하는 습관이 몸에 배어 있는 것이다.

유머는 재미를 주기 위해 궁리한 결과물이다. 유머 감각을 갈고닦기 위해서는 평소에 재미있는 표현을 쓰기 위해 노력해야 한다. 웃음을 주는 방법에는 자학, 흉내 내기, 돌려서 말하기 등 고도의 메커니즘이 동원되는 것도 있지만, 일상에서 그처럼 높은 수준을 추구할 필요는 없다. 무리하지 말고 다음 세 가지를 의식하면서 평소에 말하는 방식을 살짝 바꾸어 본다면 어느덧 유머 감각이 몸에 밸 것이다.

① 본래의 정도에 비해 다소 과장되게 말한다
고전적인 예로는 누군가가 "오늘 회비 얼마야?"라고 물었을 때, "1억 원."이라고 말하는 것이 있다. 작은 고마움을 표시할 때 "이 원수는 평생 잊지 않겠습니다."라고 말하는 것도 고전에 속한다. 조금만 힘을 쓰면 될 정도의 일을 하면서 "몸과 마음을 다 바쳐서!"라고 말하거나 생리적으로 볼일이 생겼을 때 "피치 못할 사정이 있어서……."라는 식으로 말해 보자. 이렇게 조금씩 과장해서 말하는 것만으로도 자리의 분위기가 풀릴 수 있다.

② 본래 해야 할 말을 살짝 비튼다
이를테면 늘 만나던 곳에서 만나기로 약속을 했는데 "그럼 몽마르트의 카페에서 봅시다."라고 말하거나 남자친구 있냐는 질문에 "남자인 친구는 있어요."라고 말하는 식이다. 오래전에 우울증을

함께 있으면 즐거운 사람, 함께 있으면 피곤한 사람

앓던 가족이 "빨리 죽어 버리고 싶어."라고 말했을 때 담당 의사가 상냥하게 "그렇게 조바심 내지 않아도 돼요. 어차피 사람은 누구나 죽으니까."라고 말하는 것을 보고 감동을 받은 적이 있다. 이렇게 재미있게 살짝 비트는 것만으로도 우울한 마음에 위안을 주기도 한다.

③ 다른 것에 빗대어 말한다

마음이 편안한 장소를 "우리 할머니네 집 안방 이불 속 같아."라고 말하거나, 딱딱하게 굳은 동료의 어깨를 주물러 주면서 "바위가 될 참인 거야?"라고 말해 보는 것도 좋다. 야근으로 체력이 바닥났을 때는 "파트라슈, 나 이제 지쳤어."(애니메이션 〈플랜더스의 개〉에 나오는 명대사)라고 말해 보자. 이러한 말들은 주변에 활력을 불어넣어 줄 뿐만 아니라 나 자신에게도 당장의 힘든 상황을 극복하게 만드는 힘이 되어 준다. 어떤 상황에서건 이렇게 연상을 하면서 말하는 버릇을 들이면 좋을 것이다.

　유머는 유연하게 사고하고 다른 각도에서 바라볼 때 저절로 생겨난다. 말장난을 한다는 가벼운 마음으로 과장하고 비틀고 빗대어 표현하는 습관을 들여 보자.

유머의 레시피는
다른 관점과 서비스 정신

7

"내가 즐거우면 주변 사람들도 즐거워지는 법."

유머가 뛰어난 사람은 표현력이 좋고 재밋거리를 잘 찾아낸다. 길을 걷다가도 "얘, 저 간판 재미있지 않아?"라며 다른 사람은 미처 깨닫지 못했던 사실을 일깨우거나 패션 잡지를 보면서 "이 샌들 말인데, 섹시한 팬티처럼 보이지 않아?"와 같이 조금 특이한 관점에서 사물을 바라보기도 한다. 또 직장에서는 '오후 2시부터는 졸리다가도 오후 5시가 넘으면 갑자기 기운이 난다.', '상사가 출장 갔다가 선물을 사 온 날은 그날 한정으로 상냥해진다.'와 같은 법칙을 발견하기도 한다. 이처럼 소소한 재미를 재빠르게 간파하고 찾아내는 사람과 함께 있으면 즐겁기 마련이다.

이러한 재능은 천성적인 것이 아니다. 재미있는 것을 찾아서 나의 삶을 권태로움에서 건져 내려는 마음에서 비롯된 것이다.

함께 있으면 즐거운 사람, 함께 있으면 피곤한 사람

그렇다고 해서 이런 사람들이 어디 재미있는 것이 떨어져 있지 않나 하고 눈에 불을 켜고 다니는 것은 아니다. 그런 식으로 노력한다고 해서 남들은 발견하지 못한 재미를 찾을 수 있는 것도 아니다. 일상 속의 평범한 소재를 다른 사람이 바라보지 않는 관점에서 바라보고 거기에서 우스꽝스러움이나 익살스러움을 발견하며 그것을 공유하는 습관이 그를 재미있는 사람으로 만든 것이다. 그래서 유머 감각이 뛰어난 사람은 하루에 몇 개씩 재밋거리를 찾아낸다. '이게 뭐지?', '왜 이렇게 되는 거야?', '음, 이걸 뒤집어서 생각해 보면…….'과 같이 유쾌한 관점에서 생각하고 바라보기만 해도 재미있는 것을 찾아낼 확률이 높아진다.

또 한 가지! 유머가 있는 사람에게는 서비스 정신이 있다. 뛰어난 예능인에게는 평범하게 표현하면 따분한 소재도 굉장히 재미있는 이야깃거리로 바꾸는 힘이 있다. 그것은 어떤 식으로 전달해야 듣는 사람이 재미있어할지 늘 염두에 두고 이야기하기 때문일 것이다.

과거에 다녔던 직장에서의 일이다. 갓 입사한 젊고 당돌한 여사원이 회식 자리에서 살짝 취기가 올라서는 자기보다 열 살이나 많은 상사에게 공개적으로 프러포즈를 했다. 한순간 당황했던 그 상사는, 당신은 얼굴도 예쁘고 아직 한창나이인데 왜 나 같은 늙다리를 좋아하는 거냐는 식으로 타이르고는 끝에 이렇게 덧붙였다. "그러면 내가 너무 손해잖아요." 그렇게 해서 프러포즈를 한 사람도, 받은 사람도, 함께 있던 사람들까지도 난처한 상황을 모면했다.

　사람들을 웃기겠다고 잔뜩 노리는 것이 아니라 분위기를 부드
럽게 만들면서 즐거움을 주고자 하는 서비스 정신을 갖고 이야기
한다면 어느 누구와 대화하더라도 흥겨워질 것이다.

　중요한 것은 소재의 질이 아니다. 하루하루를 즐겁게 살고자
하는 마음이다.

즐거운 대화는
그 사람을 만나기 전부터 시작된다
8

"처음 만나는 사람과 즐겁게 대화하고

인연을 이어 가려면 어떤 준비를 해야 할까?"

대부분의 여성은 "어, 머리했네?"라는 말을 들으면 기분이 좋아진다. "머리한 거 티나? 요즘 안 좋은 일이 좀 있어서 기분 전환하려고 살짝 잘랐어. 사실은 말이야……."라며 물어보지도 않은 이야기를 꺼내기도 한다. 상대의 작은 변화나 특징을 잘 감지하는 사람은 사람을 기쁘게 하는 솜씨가 뛰어나며 동시에 사람들이 말을 하도록 이끄는 솜씨가 뛰어나다. 그 일을 계기로 대화에 탄력이 붙을 때도 많다.

반면에 상대의 변화를 전혀 알아차리지 못하는 사람도 있다. 이는 상대를 관찰하는 습관이 있느냐 없느냐의 차이에서 생겨난다. 물론 "머리했네?"라고 말할 수 있는 사람은 타인을 대할 때 그 사람을 유심히 보는 습관이 있다. 상대의 분위기나 옷, 액세서리, 버릇, 표정 등에서 알아낸 사실들로 이야기를 풀어 간다. "가방이 참 예쁘네요. 잘 어울려요."라든가 "항상 활기가 넘치시네요." 등등. 그리고 칭찬도 잊지 않는다.

사람들과 즐겁게 대화를 하기 위해 갖추어야 할 것 중에 관찰만큼이나 중요한 것이 있다. 사전에 정보를 수집하는 것이다. 나는 작가로 활동하면서 인터뷰를 자주 했는데, 사전에 어떤 준비를 했느냐에 따라 처음 만났을 때 대화의 깊이가 좌우되었다. 사전에 정보를 수집하지 않으면 겉도는 이야기밖에 나눌 수가 없는 것이다.

꼭 취재가 아니더라도 앞으로 만날 사람이나 취업할 회사 등에 대해서는 어느 정도 알아 두는 것이 필요하다. 어떤 일을 하고 있는지, 어떤 취미를 가졌는지, 어디 출신인지 등의 정보를 수집해 놓으면 상대의 사람됨을 어느 정도 파악할 수 있고 대화를 진행하기에도 수월해진다. 기껏 만날 기회를 얻었는데 상대에 대해 잘 모르고 나간다면 그것은 실례다. 지금은 SNS, 블로그 등을 통해서 정보를 얻을 수 있는 시대이지만, 책이나 과거의 잡지 기사, 다른 사람이 알려 주는 정보 등이 훨씬 더 유용할 수 있다.

얼마 전 한 고령의 여성 사진작가를 만날 일이 있었다. 사흘 후에 인터뷰를 하기로 했는데, 그사이에 나는 그 사진작가가 쓴 책, 관련 기사가 실린 잡지를 전부 뒤져서 읽고 동년배의 편집자에게 책을 낼 당시의 상황에 관해서 들었다. 뉴욕에 사는 사람이어서 두 번 다시 만날 기회가 없을 터이기에 최대한 내실 있는 대화를 나누어야겠다고 생각했다. 이렇게 탄탄하게 준비한 덕분에 우리는 다양한 주제에 관해서 이야기꽃을 피웠고, 이후에도 이메일을 주고받게 되었다.

대화가 즐거우면 인연이 계속된다. 좋은 인연을 만들고 싶다면 상대를 알고자 하는 관찰과 정보 수집이 매우 중요하다는 사실을 명심하기 바란다.

대화의 서랍이
많은 사람은 즐겁다
9

"이야깃거리가 끊어지지 않고
대화를 이어 가기 위해서는 어떻게 해야 할까?"

내가 아는 한 작가는 어떤 나이대의 사람과도 즐겁게 대화를 하는 신통한 능력을 가지고 있다. 이 작가의 나이가 80대인데, 상대가 20대이든 80대이든 그와 이야기를 나눈 사람은 하나같이 즐겁고 만족스러운 표정을 짓는다. 무엇이 그분과의 대화를 즐겁게 만드는 걸까?

화제의 폭이 넓기 때문이다. 어떤 사람과 어떤 화제로 대화를 하더라도 상대와 같은 눈높이에서 이야기를 나눈다. 그래서 상대는 곧잘 이렇게 말하고는 한다.

"아니, 어떻게 이런 것까지 아세요?"

대화의 캐치볼을 하면서 문학, 문화, 종교, 예능 등 어떤 장르의 공이 어떤 각도에서 날아오더라도 능숙하게 받아서는 되돌려 준다. 유일하게 스포츠만큼은 크게 관심이 없는 듯하지만, 운동선수의 철학이나 교우 관계에 관해서는 잘 알고 있어서 평소 사람들이 크게 신경을 쓰지 않는 희소한 정보를 알려 주기도 한다.

화제가 풍부한 사람은 호기심이 매우 강해서 아무리 사소한 정보라도 보다 깊이 있게 알려고 하는 습관을 갖고 있다. 이런 사람들은 무언가를 새롭게 알게 되는 것을 아주 즐거워한다. 이런 평소의 습관이 10년, 20년, 나아가 80년 동안 지속되었다면 그 정보량이 엄청날 수밖에 없는 것이다.

한편 화제가 빈약한 사람은 자신이 흥미를 갖지 않는 분야에 대해서는 외면해 버린다. 물론 이럴 때는 대화를 이어 갈 계기가 약해서 말이 잘 안 통한다는 느낌을 준다. 재미가 없으니까 그럴 것이다. 정보에 대한 '낯가림'이라고 할까?

화제가 풍부해서 대화의 서랍이 많은 사람에게서는 다음과 같은 습관을 발견할 수 있다.

① 다른 관점과 다른 방향에서 희소한 정보를 수집한다
화제가 풍부한 사람은 '다들 알고 있는 정보'보다는 '사람들이 잘 모르는 정보'를 선호한다. 다른 사람들이 궁금해하고 관심을 가질 만한 이야깃거리를 제공할 수 있기 때문이다. 사람들이 잘 모르는 건강 상식이나 간단한 잡학, 알아 두면 유익한 정보 등을 귀를 쫑긋 세우고 수집한다.

② 넓고 얕게, 다른 일을 하면서 겸사겸사 정보를 수집한다

화제가 풍부한 사람은 모르는 것이 있으면 즉시 거기에 대해서 알아보거나 누군가에게 물어본다. 딱히 시간을 내어 신문이나 책을 읽기보다는 머리를 자르면서 미용사에게 물어보거나 장을 보러 나간 김에 서점에 들러 잠시 책을 펼쳐보는 등 다른 일을 하면서 겸사겸사 정보를 수집하는 습관을 들이면 자연스럽게 자신의 세계가 넓어질 것이다.

③ 새로운 경험을 하고 도전하기를 즐긴다

가장 이로운 정보는 실제 경험을 통해서 얻은 것들이다. 연애, 여행, 업무, 인간관계 등 다양한 경험을 한 사람은 화제도 풍부하다. 하고 싶은 일이 있으면 미루지 않고 당장 해보거나 도전하는 것이 대화가 즐거워지는 사람이 되는 지름길이다.

대화의 소재가 풍부한 사람은 다른 사람이 갖고 싶어 하는 신선한 소재를 제공하고 간접 경험을 하도록 도와준다. 그래서 대화가 즐거운 것이다.

파티나 회식에서 꾸어다 놓은
보릿자루가 되지 않기 위한 규칙
10

"잘 모르는 사람들과 함께 있을 때는 어떻게 대화를 시작하지?"

다른 업종에 종사하는 사람들끼리의 교류 모임, 동종 업계의 세미나, 이벤트 후의 뒤풀이 등 많은 사람이 모이는 파티와 회식은 평소에 만날 수 없던 사람과 이야기를 나누고 인연을 맺을 좋은 기회다. 그런데 좀처럼 말을 걸 용기가 나지 않아서 머뭇거리다가 다른 사람들과 어울리지 못한다면 모처럼 찾아온 기회를 놓치는 것일 뿐만 아니라 파티 자체가 피곤하게만 느껴질 것이다. 이런 일이 계속 쌓이다 보면 나중에는 사람이 여럿 모이는 곳을 기피하게 된다.

대화의 계기를 내 쪽에서 적극적으로 만드는 편이 기분도 좋고 상대방에게 호감도 줄 수 있다. '어느 누구하고도 말을 섞고 싶지 않아.'라는 생각으로 파티에 오는 사람은 없다. 아무한테나 말을 걸어도 되는 것이 파티의 불문율이다. 대화의 계기만 만든다면 대부분의 사람이 웃는 얼굴로 대화에 응해 준다.

이때 대화의 계기를 만드는 규칙을 정해 놓는 것이 편하다. 상대가 누구든 규칙에 따라서 망설임 없이 다가서는 것이다. 그 규칙은 다음 세 가지다.

① 먼저 곁에 있는 사람, 근처에 있는 사람에게 말을 건다

어렵게 생각할 필요 없다. "안녕하세요. 처음 뵙겠습니다."라고 자연스럽게 말문을 열면 된다. 일부러 멀리 떨어져 있는 사람을 찾아가거나 대화를 나누고 싶은 사람한테만 말을 걸지 말고 우선 근처에 있는 사람에게 말을 걸자. 또한 혼자 온 사람이 있다면 내 쪽에서 먼저 말을 걸어 주는 것이 파티의 매너다.

② 대화를 시작하는 '처음 한마디'를 준비해 놓는다

"제 소개를 해도 괜찮을까요?", "어디에서 오셨어요?" 등의 가벼운 인사로 시작해도 좋고, 업무와 관련한 파티라면 "명함을 교환해도 될까요?"라고 해도 좋다. "잘 모르는 분들이 많아서 긴장되네요."처럼 나의 약점을 살짝 드러내는 것도 좋은 시작이 될 수 있다. 이 외에 "오늘은 무척 덥네요.", "사람이 참 많네요." 등 상대가 공감할 만한 첫 한마디를 몇 가지 준비해 놓는다면 그중에서 상황에 맞는 것을 선택해서 대화의 계기를 마련할 수 있다.

③ 적당한 질문으로 상대가 이야기를 하도록 유도한다

계기를 만들었다면 다음에는 가벼운 질문으로 상대가 이야기를 하도록 유도한다. "저는 ○○라고 합니다. 성함을 여쭈어도 될까요?", "저는 ~라고 생각합니다만, ○○ 씨는 어떻게 생각하시나요?"와 같이 '나의 이야기+상대의 이야기' 형식으로 대화를 진행하면 점점 긴장이 풀리면서 대화가 이어지게 된다.

작은 만남이 커다란 인연으로 발전하는 경우가 많다. 이 같은 기회가 열려 있는 파티에서 꾸어다 놓은 보릿자루로 지내는 것은 참으로 안타까운 일이다. 그렇다고 너무 적극적으로 애쓸 필요는 없다. 가벼운 마음으로 부담 없이 실천하면 된다.

대화가 끊어졌을 때는 '날·근·뉴·지·몸·취'의 순서로 다시 시작한다

11

"갑자기 대화가 끊기고 어색해질 때는 이렇게 해보자."

누군가와 대화를 하다 보면 대화가 잘 이어지지 않고 분위기가 어색해질 때가 더러 있다. 이 같은 위기의 순간에 자연스럽게 화제를 공유하고 대화가 이어지도록 해 주는 6개의 키워드가 있다. 바로 '날·근·뉴·지·몸·취'다.

① 날 _ 날씨, 계절
"내일부터 비가 온다더군요. 이번 주는 내내 흐릴 모양인가 봐요."

② 근 _ 근황
"지난주에 휴가를 얻어서 교토에 다녀왔어요."

함께 있으면 즐거운 사람, 함께 있으면 피곤한 사람

③ 뉴 _ 뉴스

"그림이 그려진 자동차 번호판이 나온다는 소식 들으셨어요?"

④ 지 _ 지역, 주변

"역 앞에 예쁜 조명 장식이 생겼더라고요."

⑤ 몸 _ 몸, 건강

"항상 활기차 보이시는데, 건강 관리를 위해서 특별히 신경 쓰는 것이 있으신가요?"

⑥ 취 _ 취미, 업무

"요즘도 산에 자주 가세요?"

이와 같이 '날·근·뉴·지·몸·취'의 순서대로 대화를 새롭게 세팅하거나 이 가운데 괜찮아 보이는 화제를 골라서 상대의 이야기를 유도하면 순식간에 시간이 지나가게 된다.

대화가 끊긴 상황에서 이야기를 다시 시작하고자 할 때는 "어, 그러고 보니……."라든가 "아, 맞다.", "그런데……."와 같이 문득 생각이 떠오른 것처럼 말을 꺼내면 된다. 그러면 자연스럽게 대화를 다시 시작할 수 있다. "그러고 보니 요전에 이런 일이 있었어요."와 같이 말을 꺼내고 나서 "○○ 씨는 이럴 때 어떻게 하시나요?"라며 상대의 이야기를 유도한다. 그리고 상대가 한 말 중에서 적당한 단어와 어구를 골라서 "~라고 하시니까 생각이 났는데⋯⋯."라며 연상 게임을 하듯 새로운 화제로 연결하면 된다.

잡담 소재 가운데 듣는 이의 흥미를 가장 잘 유발하는 것은 "이런 일이 있었어요.", "이런 걸 본 적이 있어요."와 같이 나의 실제 경험을 꺼내는 것이다. 선명하고 실감 나게 전할 수 있기 때문에 상대도 흥미를 느끼고 대화가 흥겨워진다.

그리고 잡담 소재를 비축해 놓기 위해서는 무슨 일에든 적극적으로 관여하는 습관을 들여야 한다. 사소한 것이라도 상관없다. 택시를 타고 가면서 운전기사와 이것저것 이야기를 나누어 본다든지 새로 생긴 가게가 뭐 하는 곳인지 방문해 보는 것이다. 그러면 "이야기를 나누어 보니 그 택시 기사가 정말 재미있는 사람이어서⋯⋯."라든지 "1층 카페에서 파는 도리아가 끝내주게 맛이 좋아서⋯⋯." 등 누군가에게 말해 주지 않고서는 견딜 수 없는 소재가 자연스럽게 쌓이게 된다. 조금이라도 상대에게 즐거움을 주겠다는 서비스 정신으로 이야깃거리를 찾고 대화의 분위기를 띄우려는 노력을 해야 한다.

함께 있으면 즐거운 사람, 함께 있으면 피곤한 사람

분위기가 비슷한 사람에게서는 '이질성'을, 분위기가 다른 사람에게서는 '동질성'을 찾아낸다

12

"그 사람과 대화하다 보면 새로운 시각을 갖게 돼."

대화가 즐겁기 위해서는 어느 정도의 '감동'이 필요하다. 재미있는 이야깃거리와 도움이 되는 정보를 공유함으로써 얻을 수 있는 감동도 있지만, 그보다는 '이 사람에게 이런 면이 있었단 말이야?'라든가 '이 사람과 나에게 이런 공통점이 있었다니!'와 같이 전에는 발견하지 못했던 일면이나 동질감 등을 통해 그 사람에게 감동을 느낄 때 대화가 한층 즐거워진다.

그래서 나는 사람들과 대화하면서 '이질감'과 '동질성'을 찾는 습관이 생겼다. 나와 분위기가 비슷한 사람에게서는 '이질성'을, 분위기가 나와 다른 사람에게서는 '동질성'을 찾으면 대화가 더욱 즐거워진다.

예를 들어 업무상의 위치나 성장한 환경이 비슷해서 어딘가 나와 같은 범주에 속한 것처럼 생각되는 사람이 의외의 취미를 갖고 있거나 경력이 특이하거나 굉장한 특기를 갖고 있다면 감동과 경의의 표정으로 그 사람을 바라보게 된다. "사실 제가 말이에요……."라는 의외의 고백을 듣는 것도 흥분되고 즐겁다.

대화 상대에게서 이와 같은 이질성을 찾아내는 비결은 대화하면서 '응?'이라는 반응을 하게 되는 지점에서 즉시 "그건 뭔가요?"라고 질문을 하는 것이다. 평소 어떤 사람이 의외의 경험을 갖고 있을 가능성을 염두에 두고 관찰하는 습관을 들이면 '의외의 사실'을 많이 발견할 수 있다.

반대로 나와의 접점이나 공감할 만한 부분이 전혀 없을 것 같은 사람과 대화를 하다가 내 쪽에서 "오, 저하고 고향이 같네요."라든가 "저도 그 영화 좋아해요.", "저도 중국어를 공부하고 있는데!"라는 반응을 하게 되는 동질성을 발견하는 것도 역시 즐거운 일이다. 이러한 발견이 희소한 것일수록 감동이 커지고 친근감이 솟아나며 그 화제로 이야기꽃을 피우게 된다. 동질성을 찾아내려면 "고향이 어디인가요?", "어디에 사세요?", "휴일에는 어떻게 지내나요?" 등의 가벼운 질문을 이것저것 해 보는 것이 좋다.

세상에 나와 공통점이 없는 사람은 없다. 일본인, 도쿄 거주, 지방 출신, 기혼, 미혼, 회사원 같은 비교적 큰 범주 안에서도 "맞아, 맞아!"라고 격하게 공감할 수 있는 공통분모가 얼마든지 있다. 그

함께 있으면 즐거운 사람, 함께 있으면 피곤한 사람

전까지는 나와 전혀 다르게 느껴지던 사람과도 말이다.

사람은 누구나 나와 비슷한 사람과 함께 있을 때 안도감을 갖고 가까워지려 한다. 살아온 환경이나 가치관 등에서 격차가 큰 사람과는 거리를 두려는 경향이 있다. 그러나 나와 다른 사람일수록 내가 미처 몰랐던 여러 가지를 깨닫게 해 준다. 지금껏 당연하게 여겼던 것들에 대해 반드시 그렇지만은 않음을 가르쳐 주는 소중한 존재들이다.

동질성이 주는 편안함, 이질성이 주는 자극……. 함께 있으면 즐거운 사람은 이 두 가지를 모두 갖추고 있다.

'식사+즐거운 대화'를
한 세트로

13

"식사 자리를 즐겁게 해 주는 이야깃거리가 없을까?"

'일본인은 식사를 중요한 행위로 간주하지 않는다.'

문화인류학자 루스 베네딕트((Ruth Benedict, 1887~1948)가 쓴 『국화와 칼』(1946)에 있는 구절이다. 이 말이 어떤 의미인지는 정확히 알 수 없지만, 맞는 말인 동시에 틀린 말이기도 하다는 생각이 든다. 일본인은 옛날부터 음식을 만드는 일에 상당히 정성을 들였고, 음식을 먹을 때도 "잘 먹겠습니다."라는 감사와 함께 엄숙하게 맛을 보았으며, 오늘날에도 맛집을 순례하는 등 열정적으로 맛을 추구하고 있다. 다만 식사 시간을 즐기는 문화는 아직 성숙하지 않았다. 특히 식사 시간을 커뮤니케이션의 장으로 중요하게 생각하지 않는 경우가 많아 보인다.

함께 밥을 먹다 보면 사이가 좋아진다는 사실은 누구나 경험했

함께 있으면 즐거운 사람, 함께 있으면 피곤한 사람

을 것이다. 이것을 런천 테크닉(luncheon technique)이라고 부르며, 비즈니스에서는 일상적으로 활용되고 있다. 함께 음식을 먹으면 긴장이 풀려서 이야기가 수월해지고 동료 의식도 형성된다. 반대로 기껏 식사 자리를 마련했는데 상대방이 무뚝뚝한 표정으로 입을 다물고 있거나 말을 걸어도 반응이 시원치 않아서 대화가 진전되지 않으면 식사 시간이 피곤해지고 두 번 다시는 밥을 먹고 싶지 않다는 생각까지 들게 된다.

상대가 동성이든 이성이든 함께 밥을 먹을 때 즐거운가 그렇지 않은가는 매우 중요한 문제다. 편하게 같이 밥을 먹을 수 있는 관계는 흔치 않다. 오랜 시간 많은 것을 공유해야만 그런 일이 가능하다. 그리고 어떤 상황에서든 '먹는 것+즐거운 대화'는 한 세트라는 의식을 갖도록 하자. 즐거운 대화는 최고의 성찬이다. 식사 중에 대화를 하면서 받는 '즐겁다', '재미있다', '기쁘다' 등의 인상은 오감을 자극하는 요리와 함께 기억에 잘 남는다고 한다. 상대가 매일 함께 식사를 하는 가족이나 동료라 할지라도 '모처럼의 기회인데 즐거운 시간으로 만들자.'라고 의식한다면 유대는 더욱 깊어질 것이다.

대화의 내용은 서로 흥미를 느끼면서 밝고 즐겁게 이야기할 수 있는 것이면 된다. 식사를 하면서 함께 먹고 있는 요리나 식재료에 관해서 이야기를 하면 대화가 한층 흥겨워질 뿐만 아니라 관계 역시 좀 더 편안하고 친근해질 것이다. 요리가 맛있는 이유, 만드는 방법, 요리에 얽힌 추억 등을 이야기해도 좋다. 만약 요리에

셀러리가 들어 있다면 "셀러리는 피로 회복에 좋고 만병통치약이라고 하더군요.", "셀러리는 스튜에 넣으면 맛이 더 풍부해져요.", "SMAP(1988년부터 2016년까지 활동한 일본의 남성 아이돌 그룹)의 노래 중에 〈셀러리〉라는 곡이 있었지요."와 같은 이야깃거리를 얼마든지 만들어 낼 수 있다. 반대로 삼가야 할 화제도 있다. 타인에 대한 험담이나 불평불만, 정치와 종교에 관련된 것 등 복잡한 이야기는 식사를 마친 다음에 하도록 하자.

요리도 즐기고 대화도 즐거웠다면 "다음에 또 같이 식사해요."라는 제안을 받을 것이다. 이렇게 맺어진 인연들로 인해 우리의 삶은 더욱 풍부해진다. 요즘은 한집에 사는 가족끼리도 식사하는 일이 점점 줄어들고 있다고 한다. 같이 밥을 먹으며 웃음을 나누고 뱃속과 정신을 충족시킬 수 있는 관계는 절대로 쉽게 망가지지 않는다.

대화하면 즐거운 사람은
장난기가 있다
14

"쓸데없는 잡담만 했을 뿐인데, 그 사람과 무척 친해진 것 같아."

지인 중에 교통사고로 시력을 잃은 N 씨라는 침술사가 있다. 사고를 당하고 어느 정도 회복을 했을 때 아는 사람 몇이 그를 만나러 갔다. 대화를 나누면서 분위기가 무르익자 N 씨가 한 남성에게 이렇게 물었다. "넌 연예인으로 치면 누구와 비슷하다고 생각해?" 질문을 받은 사람이 바로 대답을 하지 못하고 생각에 잠겨 있을 때 다시 N 씨가 물었다.

"그럼 가전제품에 비유한다면 뭐라고 생각해?"

이 장난기 넘치는 질문에 모두 폭소를 터뜨렸고, "가전제품으로 그 사람의 이미지를 알 수 있나요?", "글쎄, 공기 청정기려나?", "다른 사람은 어떤 가전제품과 닮았는지 이야기해 볼까요?" 등의 이야기가 이어지면서 화기애애한 분위기가 되었다.

N 씨는 약선(藥膳) 워크숍을 함께 진행하는 침·뜸·지압 살롱을 운영하고 있는데, 이곳에서도 N 씨의 장난기가 그대로 드러난다. 특히 러시아 요리, 수타 메밀국수 등 다양한 요리를 조합한 독자적인 약선 요리를 모두가 함께 만들어 먹는 이벤트는 언제나 대성황인데, 이 이벤트는 '이것과 저것을 조합하면 재미있지 않을까?'라는 발상에서 시작된 것이라고 한다. 이처럼 N 씨는 재미있는 놀이를 끊임없이 생각해 내는 소년처럼 발상이 풍부하기 때문에 함께 있으면 틀림없이 즐거운 일이 생길 거라는 기대감을 갖게 하고 끊임없이 이야기를 나누게 된다.

장난기가 있는 사람과 이야기를 나누면 대화가 흥겨워진다. 장난기는 무책임하게 사람을 놀려먹거나 곤란하게 만드는 것이 아니라, 조금 재미있는 것을 생각해 보고 즐기자는 정신에서 비롯된다. 전혀 어렵지 않다. 얼마 전에 나와 몇 사람의 친구가 드라이브를 갔을 때 재미있게 했던 놀이가 '유명인 끝말잇기'였다. 모두가 아는 유명인의 이름으로 끝말잇기를 하는 단순한 게임이었지만, "그게 누군데?", "아, 스포츠 선수야? 너 스포츠도 잘 아는구나."와 같은 대화가 이어졌다.

"무인도에 가게 된다면 가지고 갈 것은?", "지금 일하는 회사의 사장이 된다면?" 같은 '만약에 놀이'나 "좋아하는 동물은 개? 고양이?", "카레에 넣는 고기는 돼지고기? 쇠고기?" 같은 'VS 놀이'도 의외로 즐겁다.

이런 쓸데없는 잡담도 대단히 중요하다. 그 자리의 분위기를 풀어 줄 뿐만 아니라 서로 이해하고 친해지는 데 무척 유용하다.

'장난기'는 커뮤니케이션의 윤활유다. '좀 더 즐거워지려면 어떻게 해야 할까?'를 궁리하기만 해도 대화가 즐거워질 뿐만 아니라 인생이 다채로워진다.

같은 감정을 공유할 수 있는 사람과는 대화가 즐겁다

15

"나와 말이 통하는 사람을 어떻게 찾지?"

오십 세가 가까워지면서 동창회 모임이 급격히 늘어났다. 다들 자녀가 다 컸거나 일에 여유가 생기면서 한숨 돌리게 된 것이 한 가지 이유일 것이다. 학교나 학년 단위의 정식 동창회가 아니라, 도쿄에 사는 동창생 모임, 지방에 사는 동창생 모임 같은 것들이 생겨난다.

동창생을 만나면 근황을 묻고 답하는 대화도 즐겁지만, 무엇보다도 흥겨운 것은 "운동회에서 반 대항 이어달리기를 했을 때 ○○가 마지막 주자였는데 넘어졌던 거 기억나?"라든가 "◇◇하고 □□이 사귀다가 선생님한테 혼났잖아." 같은 과거의 추억을 되살리는 일이다. 신기하게도 다들 멋졌던 일보다는 아쉬웠던 일이나 실수했던 일을 더 잘 기억한다. 그런 일들을 기억하고 추억

함께 있으면 즐거운 사람, 함께 있으면 피곤한 사람

을 공유하는 것만으로도 친구들과의 대화는 마냥 즐겁다. 게다가 현재의 사회적 지위가 어떻든 상관없이 대등한 동창생으로 웃으며 이야기를 나눌 수 있어서 좋다. 그렇게 왁자지껄 떠들어 대다가 헤어지는 무렵에는 다들 "우리 또 만나자."라며 손을 흔들게 된다.

대화가 통한다는 것은 같은 정보를 공유하고 있다는 의미다. 동창생이라면 필연적으로 비슷한 기억을 갖고 있지만, 그렇지 않더라도 취미나 취향, 사고방식이 일치하는 사람과는 대화가 잘 통한다. 예를 들어 나는 여행을 좋아하는 사람, 일하는 여성이나 사회 문제에 관심이 많은 사람, 책을 좋아하는 사람과는 즐겁게 이야기 나눌 때가 많다. 나보다 열 살이나 많은 친구가 있는데, 그와 내가 친구일 수 있는 건 둘 다 책을 좋아하고 책을 읽는 취향도 비슷하기 때문이다. 그 친구와 만날 때면 최근에 읽은 책에 대해서 이야기 나누고 정보도 교환한다. 그리고 전화나 문자로 책을 읽은 감상을 서로에게 들려주기도 한다. 솔직히 말해서 그 친구와 대화할 때 화제의 비중은 세상 이야기가 9, 책 이야기는 1 정도밖에 안 되지만, 공통된 취향을 가졌기에 마음이 잘 맞아서 좋은 관계를 유지하는 것이다.

이따금 나는 재미있는 주제로 모임을 만들고 사람들을 초대하고는 한다. 과거에 만들었던 모임 가운데 '기치조지(도쿄의 기치조지역을 중심으로 형성된 거리)에서 남과 여를 이야기하는 모임', '타이완 여성 모임', '여행을 좋아하는 사람의 모임', '쇼와 시대의 드라마를 시청하는 사람들의 모임' 등이 있었다. 멤버가 2명뿐이든 5~6명이든 어쨌든 모임은 모임이다. 단순히 만나는 데 그치지 않고 정보를 교환하기에도 좋다. 이러한 모임은 한때의 놀이 같은 것이어서 대부분 자연스럽게 소멸되지만, 마음이 맞는 사람과는 이후에도 계속 관계를 유지한다.

같은 정보를 공유하는 사람이 있으면 즐겁기 마련이다. 이를 위해서는 공통된 화제를 찾아내고, 말이 통한다는 생각이 드는 사람과의 인연을 소중히 이어 나가는 노력을 해야 한다.

함께 있으면 즐거운 사람, 함께 있으면 피곤한 사람

나에게 말을 걸도록
만드는 방법

16

"어떻게 해야 그 사람이 내게 말을 걸도록 만들까?"

중학생과 고등학생 시절, 아이들이 같이 놀자고 권하거나 학급 임원으로 추천되거나 조 편성을 할 때 "나랑 같은 조 안 할래?"라는 권유를 받는 친구들은 대개 조금 돋보이고 모두에게 인기가 많았다. 아니면 특별한 무언가가 있어서 흥미를 끄는 아이들이었다. 한편 나는 전혀 눈에 띌 만한 점이 없었기에 그런 말을 걸어주는 친구가 없었고, 소극적이기까지 해서 내가 먼저 "나도 끼워줘."라고 말하지도 못했다. 당시에는 티를 내지 않았지만, 그런 일로 인해 마음의 상처를 입기도 했다.

그랬던 내가 사람들이 말을 걸도록 만들기 위해 의식적으로 행했던 습관이 두 가지 있다. 나는 지금도 이 습관을 계속 실천하고 있다.

① 누구에게나 인사만큼은 철저히 한다

그 사람이 싫은 타입이든 좋아하는 타입이든 누구에게나 상냥하게 인사를 하다 보면 예상치 않게 즐거운 대화를 나눌 때가 있다. 웃는 얼굴로 대하고 인사만 제대로 해도 상대가 말을 걸어 올 확률이 크게 높아진다.

② 말을 걸어 준 사람에게 최대한의 감사를 표시한다

누군가 내게 말을 걸어 주었다면 감사의 마음을 담아서 그 사람을 위해 내가 할 수 있는 일을 한다. 간단한 예로 대화를 하면서 상대가 흥미를 느낄 만한 정보를 제공하는 방법이 있다. 요컨대 내게 말을 걸어 주었던 사람이 '다시' 말을 걸어오도록 노력하는 것이다. 가게에 비유하자면 신규 고객을 만들기 위한 노력에 그치지 않고 재방문율 100퍼센트를 달성하려고 노력한다고나 할까? 나는 지금도 이 방침을 철저하게 지키고 있다.

일거리가 많지 않았던 자유기고가 시절, 내게 말을 걸어 주고 일거리를 준 편집자에게 보답하기 위해 내가 쓸 수 있는 최고의 기사를 쓰려고 노력했고, 그 결과 이후로도 오랫동안 관계를 유지할 수 있었다.

"왜 사람들이 내게 말을 걸어오지 않는 거야."라고 한숨을 쉴 필요는 없다. 혼자 있을 때 할 수 있는 일도 많다. 조급하게 생각하지 말고 그 상태를 즐기자. 그러다 만약 누군가가 당신에게 말을 걸어 주었다면 고마움을 표시하고 그 사람을 위해 할 수 있는 일을 하기를 바란다. 설령 작은 것이라도. 그리고 함께 있는 시간을 즐기기를 바란다.

이런 식으로 상대를 소중히 대할 때 진짜 유대가 생겨난다. 서로 계속해서 말을 걸어 주는 관계는 그 자체로 인생의 훌륭한 자산이다.

자신의 세계를 가지고 있는 사람은
새로운 풍경을 보여준다

17

"자기 세계가 강한 사람과는 대화가 힘들지 않을까?"

직업이나 취미, 패션, 라이프스타일 등에서 상식에 얽매이지 않고 자신의 세계를 추구하는 사람과 이야기를 나누면 참으로 즐거워진다. 상대방의 세계를 알 수 있기에 즐겁다는 뜻이 아니다. 도예를 좋아하는 사람이 아무리 도예에 관해 열변을 토한다 한들 도예에 흥미가 없는 사람에게는 지루할 수밖에 없다. 그런 말이 아니라, '자신의 세계'를 가진 사람은 '자신의 의견'을 갖고 있기에 대화가 재미있다는 뜻이다.

살아가는 방식이나 라이프스타일에 관하여 자신만의 철학을 가진 사람은 타인의 의견에 휘둘리지 않는다. 나는 이것이 좋으니 이렇게 하겠어, 라는 태도를 보인다. 한편으로는 도도해 보이지만 거기에서 어떤 매력을 발견하게 된다. 이런 독자적인 감성이 신선하게 다가오고 다른 사람을 끌어들이기에 이 사람과 이야기를 나누면 즐겁겠다는 기대를 품게 한다.

얼마 전, 도시에서 살다가 수령(樹齡) 3,000년이 넘는 삼나무가 무성한 야쿠시마섬으로 이주한 사람들과 이야기를 나눌 기회가 있었다. 대화 도중에 '시간'에 관한 이야기가 나왔는데, 이에 대한 저마다의 의견이 참으로 재미있어서 시간 가는 줄 모르고 이야기꽃을 피웠다.

"긴 시간을 살고 있는 존재를 보니 나 자신의 시간이 사랑스럽게 느껴졌어요."

"물건은 시간과 무관한데 생명체와 마음, 말은 시간과 함께 변화한다는 것이 기적처럼 다가옵니다."

"시간을 차분하게 맛보려면 자신의 페이스대로 사는 것이 중요합니다."

나는 그들의 말에 감동을 받아서 절로 고개가 끄덕여졌다.

자신의 철학을 가진 사람과 대화를 하면 나의 선입견을 벗겨내게 된다. 그들은 '이 방향에서도 재미있는 풍경을 볼 수 있답니다.'라며 새로운 관점을 보여 준다. 또 그런 사람들은 자신과 가치관이 달라도 억지로 의견을 일치시키려 하지 않기 때문에 대화하기가 편하다. 각각의 세계가 있음을 인정하기에 깊은 이야기를 나눌 수 있다.

자기만의 철학이 있고 자신의 의견이 강한 사람은 사회생활이 힘든 측면도 있다. 그래서 세상의 상식이나 흐름을 따르는 편이 편하게 느껴지기도 한다. 그러나 자신만의 의견을 갖고 있지 않은 사람과 대화를 하는 것만큼 따분한 일도 없다. 의견을 명확하게 밝히지 않으면 그 사람에 대해서 알기가 어렵고, 당연히 깊은 이야기를 할 수도 없다.

자신의 의견을 갖기 위해서는 먼저 자신에게 정직해져야 한다. 사소한 것이라도 "저는 이렇게 생각합니다.", "저는 이게 좋습니다."라고 솔직하게 생각을 전해야 한다. 다른 사람들과 달라도 된다. 자신의 감정을 소중히 여기고 충실할 때 비로소 자신의 의견을 갖고 자신의 세계를 만들게 된다. 그런 정직함과 자신의 머리로 생각하는 습관이 대화를 즐겁게 만들 뿐만 아니라 신뢰로 이어지는 것이다.

함께 있으면 즐거운 사람, 함께 있으면 피곤한 사람

2

함께 있으면 기분 좋은 사람이 되기 위한 마음가짐과 행동의 습관

신뢰를 주는 사람들의 특징

밝은 측면에 주목하면
언제나 즐겁다

1

"그 친구라면 이럴 때 어떻게 할까?"

함께 있으면 기분이 좋아지는 사람과는 계속 함께 있고 싶어지기 마련이다. 안심이 되고 마음이 치유되며 기운이 나는 등 좋은 영향을 받기 때문이다. 그래서 이번 챕터에서는 함께 있으면 기분이 좋아지는 사람들의 마음가짐과 행동에는 어떤 패턴이 있는지 알아보려 한다.

특히나 성격이 밝은 사람은 모두가 좋아한다. 그런 사람들이 긍정적으로 밝게 생각하면서 살겠다고 억지로 무리하는 것은 아니다. 또 특별히 강하거나 유난히 씩씩해서 그런 것도 아니다. 오히려 어깨의 힘을 빼는 마음의 습관이 있기 때문이다. 항상 밝고 즐겁게 사는 친구가 이런 말을 한 적이 있다.

"여행은 갈 때도 즐겁고 돌아올 때도 즐거워. 목적지에 도착하기까지는 여행지에서 무엇을 할지 생각하기만 해도 가슴이 두근 거리고, 돌아올 때는 집에서 빈둥거릴 생각을 하거나 재충전을 마치고 다시 일할 생각을 하면 즐거워서 견딜 수가 없어."

나로서는 해 본 적 없는 발상이었다. 그때까지만 해도 여행을 갈 때가 즐겁지 돌아올 때도 즐거울 거라는 생각은 하지 않았다. 그랬던 내가 친구의 이야기를 듣고는 '여행에서 정말 즐거울 때 는 돌아올 때가 아닐까?'라는 생각을 하게 되었다. 여행지에서 찍 은 사진을 다시 들여다보면서 감회에 잠기거나 되돌아갈 일상에 서 새로운 발견을 하는 것도 분명 즐거운 일이다.

그 친구는 일에서나 사생활에서나 '오호, 그런 관점으로 바라 보면 되는구나!'라는 깨달음을 주는 소중한 존재다. 직접 이야기 를 나누지 않더라도 '그 친구라면 어떻게 생각하고 어떻게 행동 했을까?' 하고 생각하면 답이 나오고는 한다.

마음이 밝은가 아닌가의 차이는 시선을 어디로 향하고 있는가 에서 비롯된다. 이를 위해서는 어린아이의 천진난만함과 어른의 이성이 필요하다. 어린아이처럼 천진난만한 호기심이 있다면 나 를 기쁘게 해 주는 것(필요한 것)을 찾아내기가 수월할 것이다. 한 편 어른의 현명함과 이성을 갖추고 있다면 나를 기쁘게 하지 않 는 것(필요 없는 것)을 깨닫고 버리거나 관점을 바꿀 수 있다.

이처럼 밝은 면에 주목하는 마음의 습관을 가진 사람 주위에는 항상 사람들이 모여든다. 그리고 그들 사이에는 마음 편하고 즐 거운 관계가 만들어진다.

무언가 하고 싶다면
5분만 행동해 보자

2

"지금 당장 할 수 있는 것부터 조금씩 시작해 볼까?"

함께 있으면 기분 좋은 사람은 몸과 마음이 가볍다. 다시 말해서 행동할 줄 안다. 내 주변에도 움직임이 경쾌한 사람들이 있다.

"이거 재미있어 보이는데요? 해봅시다."

"당장 ○○ 씨에게 전화해서 물어봐야겠군."

"쇠뿔도 단김에 뺀다고, 오늘 가 볼까요?"

이런 사람들은 계속해서 주변 상황이 바뀌기 때문에 정신없어 보이기도 하지만, 한편으로는 주변 사람들을 흥분시킨다. 또 경험이 풍부하고 아는 것이 많아서 이야기도 재미있다.

다만 완벽하지는 않다. 실패도 한다. 실제로 내 친구 중 한 명은 "다코야키 파티를 합시다!"라며 주말에 열댓 명의 사람을 모은 것까지는 좋았는데 박력분 밀가루를 사오는 것을 깜빡한 적이

함께 있으면 즐거운 사람, 함께 있으면 피곤한 사람

있고, 재미있어 보이는 자원봉사가 있다면서 참가해서는 뙤약볕 아래 계속 서 있다가 열사병에 걸리기도 했다. 그러나 박력분 밀가루는 다른 사람이 사왔고, 자원봉사에서는 멋진 사람을 만나서 다음 약속까지 했다. 실패도 하지만 대개 그럭저럭 해피엔딩으로 끝난다. 몸놀림이 가볍고 행동력이 뛰어난 사람은 좋은 기회를 자주 맞이하고 운도 좋은 편이다.

이처럼 풋워크가 가벼운 사람은 아마도 '어떻게든 되겠지.'라고 생각하면서 행동하는 것이리라. 그에 비해 좀처럼 행동하지 않는 사람은 '이걸 하고 싶기는 한데, 하지만…….'이라고 생각하는 습관이 있는 건 아닐까? '요가를 배우고 싶어. 하지만 시간이 없어서…….', '방을 정리하고 싶지만 귀찮아.', '회사를 옮기고 싶지만 잘 안 될 것 같은데…….' 따위의 생각을 하면서 머뭇거리면 마음에 불안이 자리 잡아서 대체로 생각이 부정적인 쪽으로 흐르고 만다. 그리고 차일피일 미루는 사이에 행동이 더욱 무뎌지고 나중에는 점점 아무래도 상관없다는 식으로 생각하게 된다. 그런 모습을 보면서 "야, 고민할 시간에 뭐라도 했으면 벌써 끝냈겠다."며 짜증을 내는 주변 사람도 있을 것이다.

그러니 생각한 다음에 행동하지 말고 너무 깊이 생각하기에 앞서 조금이라도 행동해 보자. '요가 학원의 안내 책자를 받아 오자.', '책장의 일부만이라도 정리를 하자.', '이직 사이트를 검색해 보자.' 같은 작은 행동을 하기만 해도 탄력이 붙고 다음 전개가 보이게 된다.

나는 5분 이내에 할 수 있는 일은 즉시 해 버린다. 한 가지라도 실행했다는 쾌감은 기분 좋은 '성공 체험'이 된다. 이런 식으로 작은 성공 체험이 하나둘 쌓이면 커다란 일에도 도전할 수 있을 것 같은 기분이 든다.

조금이라도 행동을 하면 마음이 가벼워진다. 나의 기분이 좋아질 뿐만 아니라 함께 있는 사람도 기분이 좋아진다.

소중한 사람과 이야기를 나눌 때는
휴대폰을 잠시 잊자

3

"나를 진정 위하는 사람에게 왜 난 그토록 소홀했을까?"

누구나 나를 소중히 대해 주는 사람과 함께 있으면 기분이 좋아진다.

　내 친구 중 한 명은 식사 시간에는 가족 모두가 휴대폰과 텔레비전을 보지 않는다는 규칙을 실천하고 있다. 나도 몇 번 그 가족과 함께 식사를 한 적이 있는데, 그전까지 휴대폰을 보거나 음악을 듣던 고등학생 딸들도 식사 중에는 가족 간의 대화에 참여해 즐겁게 이야기를 나누었다. 이에 대해 친구는 "같이 밥을 먹는 시간은 가족에게 매우 소중한 시간인데 음식을 제대로 음미하거나 다른 사람의 이야기에 귀를 기울이지 않고 딴짓을 하는 건 실례잖아."라고 말했다. 그리고 이 가족의 이러한 규칙은 평소에도 상대방을 존중하는 행동으로 이어지는 것 같았다.

가족이나 친한 친구 등 가까운 관계에 있는 사람에 대해서 오히려 소홀해질 때가 있다. 가까운 사이니까 이해해 주겠지, 라고 편하게 생각해 버리는 것이다.

　주변에 혹시 이런 사람은 없는가? 업무 관계자와 만날 때는 상대에게 집중하면서 친구와 만날 때는 시종일관 스마트폰을 만지작거리는 사람, 새로 사귄 친구와는 자주 연락을 주고받으면서 가족이나 신세를 진 사람, 오랜 친구에게는 잘 연락하지 않는 사람, 형식적인 인간관계는 중요하게 여기면서 곁에 있는 사람은 귀하게 여기지 않는 사람……

　사실 가장 가까이 있는 사람일수록 더 신경을 쓰고 소중하게 여겨야 한다. 나를 소중하게 생각해 주는 사람이 있다면 나 역시 그 사람을 귀하게 여겨야 한다. 내 이야기를 들어 주었으면 할 때, 곤란한 상황에 처했을 때, 도움이 필요할 때 버팀목이 되어 주는 사람은 역시 먼 관계의 사람이 아니라 가까이 있는 사람들이다.

　작은 것이어도 상관없다. 아니, 작은 것부터 다시 시작해 보자. 약속 시간을 잘 지키고, 한동안 소원해졌던 사람에게 연락을 하고, 상대가 좋아할 만한 것을 선물하고, 어려움을 겪고 있을 때 먼저 말을 걸어 주는 등의 애정을 보여 주자. 내가 아무것도 하지 않는데 상대가 저절로 소중한 사람이 되어 주지는 않는다. 초목을 키우듯 정성을 쏟고 수고를 들이는 시간이 쌓일 때 비로소 상대는 소중한 사람이 된다.

　조금이라고 기쁘게 해 주고 싶고, 조금이라도 잘되었으면 좋겠다고 생각하며, 기분을 편안하게 해 주고 싶다는 마음을 품으면 상대뿐만 아니라 내 마음도 따뜻해진다.

함께 있으면 기분 좋은 사람은 작은 배려를 잊지 않고 실천한다. 당장은 가까운 사람과 이야기를 나눌 때 딴짓하지 말고 대화를 즐겨 보지 않겠는가?

마음에 안 들어도, 기분이 나빠도
인사만큼은 제대로 하자

4

"저 사람이 보기 싫지만 인사만큼은 철저하게 하겠어."

20대부터 30대까지 나는 100개가 넘는 직장에서 일을 했다. 여러 직장을 전전하면서 이것만큼은 반드시 지키자고 명심한 것이 있다. 바로 '예의'다. 이를테면 인사하기, 감사 표시하기, 약속 지키기, 너무 허물없이 행동하지 않기 등이었다. 최소한의 예의만 지켜도 어지간한 트러블은 피할 수 있을 것이라고 생각했고, 실제로 그랬다.

사람이 살아가면서 예의를 지키는 것이 지극히 당연한 일처럼 여겨지지만 그렇지 않은 사람도 많다. 새로운 직장에 들어가 일을 시작할 무렵에는 동료와 상사들에게 인사를 잘하지만, 점점 익숙해지면 출근해서 인사 없이 자리에 앉고 다른 사람이 무엇인가를 해 주어도 고맙다는 말을 하지 않게 된다. 마음에 들지 않

함께 있으면 즐거운 사람, 함께 있으면 피곤한 사람

는 사람이나 무뚝뚝한 사람과는 가급적 말을 섞고 싶지 않을 때도 있다.

　그러나 마음에 들지 않는 사람일수록 예의를 지키는 것이 중요하다. 다른 사람을 대할 때와 똑같이 웃음 띤 얼굴로 "안녕하세요.", "고맙습니다."를 반복하면 상대방도 똑같이 인사를 할 것이다. 그리고 그런 모습을 자주 대할수록 점점 상대가 좋은 사람일지도 모른다는 생각이 들기 시작하고, 어느 날 그 사람의 도움을 받거나 인정을 받고 또 서로 속마음을 털어놓을 기회가 찾아올지도 모른다. 그러면 이런 생각이 들 것이다. '그래, 인사만큼은 철저히 하기를 잘했어.'

　흔히들 예의를 행할 때는 마음을 담는 것이 중요하다고 한다. 하지만 반드시 마음이 담겨 있지 않아도 된다. 마음을 담은 척할 수 있다는 것이 예의의 대단한 점이다. 마음이야 어떻든 예의바르게 행동하면 상대는 '저 사람이 나를 소중하게 생각하는구나.'라고 생각하지 불쾌하게 여기지는 않는다. 상대가 누구든, 지금 내 기분이 어떻든 예의를 지키려고 노력하기 때문에 사회의 질서가 유지되는 것이다. 사람에 따라 기분에 따라 내키는 대로 행동한다면 이 세상이 어떻게 되겠는가? 예의란 교통 법규 같은 것이어서 이것을 지키려고 하면 최소한 안전하게 세상을 살아갈 수 있다. 마음에 드는 사람에게는 인사를 하고 마음에 들지 않는 사람은 무시하겠다는 식으로 행동한다면 사회는 엉망이 될 것이다. 예의를 지키지 않으면 화가 나는 일이나 상처 주는 일이 많아져서 안심하고 살아갈 수 없다.

내가 함께 일하고 싶은 사람의 첫 번째 요건으로 꼽는 것이 예의다. 예의를 지킨다는 것은 함께 즐겁게 일하기 위한 기본 소양이다. 불쾌하게 생각할 일이 줄어들어서 비교적 안심하고 일에 집중할 수 있다. 상대를 소중히 생각해서 예의바르게 행동하는 것이 아니라 예의가 있기 때문에 자연스럽게 상대를 배려하게 되고 서로 소중하게 여기는 관계가 되는 것이다.

"만나지 않을래?"라고
부담 없이 말해 보자

5

"지금 당장 만나자고 하면 그 친구가 부담스러워하지 않을까?"

만나고 싶을 때 부담 없이 만날 수 있는 사람이 있다. 그런 사람과
함께 있으면 기분이 좋아진다.

타이완에서 살기 시작했을 때였다. 느닷없이 "지금 만나지 않
을래요?", "지금 가도 돼?"라는 전화나 문자를 보내고는 불쑥 찾
아오는 사람이 많아서 당혹스러웠다. 그런데 그런 문화에 익숙해
지자 나 역시 느닷없이 다른 사람의 집을 찾아가게 되었다. 언뜻
실례처럼 보이지만, 타이완에서는 이렇게 느닷없이 찾아가는 것
이 일종의 예의다. 이렇게 불쑥 찾아가야만 상대가 "내놓을 게 아
무것도 없네."라든가 "청소를 안 해서 방이 엉망이지만, 일단 들
어와."라고 변명할 여지를 줄 수 있다. 사전에 미리 알리고 가면
상대는 식사를 준비하거나 방 청소를 해 놓아야 하는 부담을 느

낄 수밖에 없다. 그러니까 불쑥 찾아가는 것은 내가 집에 놀러가
더라도 지나치게 신경 쓸 필요가 없다는 배려라고 할 수 있다.

물론 일본에서는 사전에 알리지 않고 남의 집을 방문하는 것
이 실례다. 아무리 친한 사이라 해도 느닷없이 "지금 차 마시러 갈
게."라고 하면 비상식적인 사람으로 찍혀서 경계의 대상이 될 수
도 있다. 그러나 가까운 관계라면 조금은 격의 없이 지내는 것이
좋지 않을까 싶다. 우리는 상대방이 나를 좋게 생각하도록 만들
기 위해 몸단장이나 준비에 지나치게 신경을 쓴다. 나의 모습이
어떻게 보일까를 생각하기에 앞서 어떻게 하면 상대가 기뻐할지
를 먼저 생각해 보는 것이 어떨까? 사실 만전을 기해서 준비를 하
더라도 상대는 그런 것에 관심이 없을 때가 많다. 부담 없이 만날
수 있는 관계인 편이 훨씬 즐겁고 기쁘다.

얼마 전이었다. 밤 10시가 넘었는데 갑자기 친구에게서 연락
이 왔다.

"일 때문에 바쁜 모양이어서 위로차 과자 좀 사왔어."

이미 집 근처의 역에 도착했다고 해서 평상복 차림으로 나가서
만났다. 찻집에서 한 30분 정도 수다를 떨다가 헤어졌다. 친구와
헤어져 집에 가는 길에 기분이 아주 좋았다. 지나치게 예의를 차
릴 필요가 없는 친구가 있다는 사실이 고마웠다.

부담 없이 만날 수 있는 관계가 되려면 상대의 사정도 고려해
서 짧게 만나고 헤어질 줄 알아야 한다. 옷차림은 상대와의 균형
을 생각해서 편안하게 입고, 외식을 할 경우에는 경제적인 부담

이 적은 곳을 선택하는 등 서로 무리하지 않는 것이 중요하다.

내 쪽에서 부담 없이 만나려고 하다 보면 상대의 사정이 있어서 거절당하는 일이 종종 있다. 미리 약속을 한 것이 아니기에 충분히 그럴 수 있으므로 실제로 거절을 당했을 때 "그래? 알았어. 다음에 봐."라고 개의치 않는 것 또한 중요하다.

"지금 잠깐 볼까?", "뭐 하고 있어?"라고 부담 없이 말할 수 있는 사람과 함께 있으면 즐겁고 마음이 편안해진다. 또 부담 없는 사람과 있을 때는 마음이 쉽게 열린다. 그런 관계라면 둘도 없는 삶의 동반자가 되어 줄 것이다.

상대가 대답을 흐린다면
'스톱!'의 신호

6

"좀처럼 가까워지지 않는데, 이런 관계도 괜찮은 걸까?"

타인과 나의 거리감을 잘 알고 있어서 자연스럽게 선을 지키는 사람이 있다. 이런 사람은 상대를 자신의 편의에 맞추려 하지 않고, 상대를 존중하는 마음으로 지켜보며, 상대가 원할 때나 곤란에 처했을 때 가만히 손을 내밀어 준다. 상대를 소중하게 생각하기에 한 발 더 나아가면 관계가 꼬일 가능성이 높은 경계선을 잘 알고 있는 것이다.

오랜 친구로부터 보험에 가입해 달라거나 그다지 내키지 않는 단체에 가입해 달라는 부탁을 받으면 마음이 복잡해진다.

"이거 정말 좋은 거거든. 그래서 너한테 권하는 거야. 틀림없이 너한테도 이로울 걸?"

친구로서는 정말 순수한 마음으로 권유하는 것이리라. 그런 마음을 모르는 것은 아니지만 맛있는 음식점을 추천하는 것과는 상황이 다르다. "너를 위해서야."라는 말이 순수하게 받아들여질 수도 있지만, '결국 네가 이익을 보려고 하는 거 아냐?'라는 삐뚤어진 마음이 자리 잡기도 한다.

안심하며 살아갈 수 있는, '마음의 사적 공간'이라고도 할 수 있는 각자의 영역을 지켜 주는 것이 바로 예의다. 다른 사람이 흙 묻은 신발을 신고 그곳으로 성큼성큼 걸어 들어오면 마음의 안정을 위협받는 동시에 불편함과 압박감을 느끼게 된다. 사람 사이의 갈등과 충돌은 이 영역을 침범당하는 것이 원인이 되어 발생할 때가 많다.

무언가를 부탁하고 부탁받는 것은 좋은 일이다. 그러나 부탁이 좋은 일이 되기 위해서는 서로가 기분 좋은 범위에서 해야 한다. 인간관계를 해치는 가장 큰 원인이 금전 문제다. 가급적이면 돈을 빌리거나 빌려주지 말아야 한다. 만약 빌렸다면 즉시 갚아야 한다. 아무리 가까운 사람이라 할지라도 책상 서랍이나 휴대폰 문자, 이메일 등 지극히 사적인 것을 멋대로 들여다보지 말아야 한다. 상대의 연인이나 가족을 건드려도 안 되고 다른 사람의 삶의 자세에 대해서도 참견하지 않아야 한다. 상대가 완벽하게 안심하면서 머물러야 하는 영역을 침범하지 않도록 주의해야 한다.

타인이 침범하지 않기를 바라는 영역은 사람마다 다르다. 처음 만났는데도 의기투합해서 거리가 가까워질 때가 있는가 하면 오랫동안 만나 왔음에도 거리감이 느껴지는 관계도 있다. 대화를 하다가 상대가 "음……." 하고 대답을 흐리거나 표정이 어두워진 다면, '스톱!'하라는 신호다. 즉시 물러서거나 화제를 바꾸는 것 이 서로를 위해서 좋다. 느닷없이 거리를 좁히려 하지 말고 조금 씩 친해지는 것이 서로 안심할 수 있는 관계를 만들기 위한 가장 좋은 과정이다.

　하지만 너무 상대에게 맞추려 한 나머지 긴장하거나 어색하게 행동한다면 피곤해진다. 어렵게 생각하지 말고 나답게 커뮤니케 이션을 하면서 서로 웃는 얼굴로 이야기할 수 있는 적당한 거리 를 유지하면 된다.

함께 있으면 즐거운 사람, 함께 있으면 피곤한 사람

선물에 대한 답례는
'제대로' 하기보다 '곧바로' 하자
7

"뭔가 좀 근사하게 답례 인사를 해야 하지 않을까?"

무엇인가를 선물했을 때 상대가 곧바로 반응을 보이거나 답례를 하면 기분이 좋아진다. 그러나 왠지 귀찮아져서 답례를 뒤로 미루는 경우가 있다. 물론 그 마음을 이해 못하는 바는 아니다. 기왕 답례하는 것 '제대로' 하려고 이것저것 고민하다가 나중에는 부담스러워졌을 것이다. 예를 들어 추석이나 설에 선물을 받았을 때 편지로 답례를 해야 할지, 문자를 보내야 할지, 아니면 답례품을 보내는 편이 좋을지 고민하다 보면 점점 귀찮아지기 시작한다. 그러다 보면 선물을 보낸 사람이 성가셔지기도 한다. 선물을 보낸 당사자는 전혀 그런 것을 바라지 않는데도 말이다.

예전에는 나도 그랬다. 차일피일 미루다가 마음의 부담이 점점 커져서 나중에는 빚쟁이가 된 기분이었다. 그래서 지금은 선물을 받은 즉시 "고맙습니다."라고 전화를 한다. 경우에 따라서는 문자를 보내기도 하지만, "안 그래도 이런 걸 갖고 싶었는데, 선물을 받고 얼마나 기뻤는지 몰라요."라고 감사를 표시하면 내 기분도 상쾌해진다. 그러면 선물을 보낸 사람도 "벌써 도착했어? 왠지 필요할 것 같아서 보냈어."라고 말을 하고 이렇게 이야기꽃을 피우게 된다.

그런데 선물을 받고 일주일 이상 지난 다음에 연락을 할 경우에는 즉시 했을 때와 같은 수준으로 감사의 마음을 표현하려면 몇 배의 노력이 필요하다. 선물을 보낸 사람 역시 인사를 받고서야 '그러고 보니 내가 선물을 보냈지?'라고 떠올리기 때문에 별로 흥이 나지 않는다. 사람에 따라서는 연락이 없으면 '선물이 도착 안 했나?', '선물이 마음에 안 드나?'라고 전전긍긍할지도 모른다.

선물을 받았을 때는 곧바로 답례를 하는 것만으로도 상대를 소중히 여기는 마음을 전할 수 있다. 이메일이나 문자가 왔을 때도 마찬가지다. 상대는 화려한 문구의 답장보다는 '잘 받았습니다. 고맙습니다.'라는 간단한 대답을 기다린다.

'우선 급한 대로 감사의 말씀을 전합니다.'라는 말도 사족이다. 언뜻 정중해 보이지만 '지금은 바쁘니 간단히 쓸게요.'라며 이쪽의 사정에 맞추어 달라고 강요하는 표현으로 보일 수 있기 때문이다. 특히 윗사람에게는 삼가는 편이 좋다.

얼마 전에 출산 선물을 보냈는데, 받은 사람이 즉시 답례 전화를 해 주었다. 게다가 이메일도 동시에 보냈는데, 귀여운 아기의 사진과 함께 내가 보내 준 선물을 사용하는 사진이 첨부되어 있었다. 선물로 무얼 보낼까 한참 고민한 끝에 고른 것이었기에 '마음에 들어 하니 다행이야.'라고 안심했을 뿐만 아니라 기분이 좋아졌다.

　연락은 5분만 투자하면 된다. 대단한 말은 필요 없다. 연락에는 신선도가 생명이다. 신선할 때 처리하는 것이 가장 좋다.

정직한 사람은 주변 사람에게 안정감을 준다

8

"정직하게 행동해서 손해를 보지는 않을까?"

정직한 사람을 만나면 기분이 좋아진다. 정직하면 손해를 본다는 말이 있듯이 많은 사람들이 거짓말을 해서라도 약삭빠르게 처신하는 편이 현명하고 이익을 보며, 정직함은 일견 어리석은 면일 수 있다는 인식을 갖고 있다. 그러나 정직한 사람은 한때 손해를 보더라도 인생 전체로 보았을 때는 상당한 이익을 얻으면서 사는 것이 아닐까 하는 생각이 든다. 정직한 사람은 신뢰할 수 있으므로 사람들이 안심하고 함께하기 때문이다.

사람은 어떤 상황이나 낯선 사람과 맞닥뜨렸을 때 무의식적으로 자신에게 안전한가, 위험한가를 감지한다. 오랫동안 보험 회사에서 일하며 뛰어난 영업 실적을 올리고 있는 한 친구가 이렇게 말한 적이 있다.

"어떤 상품에 어떤 장점이 있는지만 이야기하지 않고 단점까지도 정직하게 설명하면 고객은 안심하고 내 이야기를 들어 주더군."

안 좋은 점을 감추거나 적당히 둘러대지 않고 정직하게 전달하면 이야기를 듣는 사람은 안정감을 느끼고 상대를 신뢰하게 된다. 그야말로 정직이 최선의 방책인 것이다. 뿐만 아니라 '정말일까?'라고 의심하게 되는 자기 자랑을 늘어놓거나 듣기 좋은 말만 하는 사람보다는 실패한 일이나 부끄러웠던 일 등도 솔직하게 말해 주는 사람의 이야기에 더욱 호감이 가고 재미있게 느껴지기 마련이다.

정직한 사람은 말과 행동이 일치하고 스스로 모순이 없기에 타인과의 소통이 매끄럽다. 켕기는 것이 없고 자신감이 있기 때문에 당당하게 사람들을 대한다. 나중에 거짓말이 들통 나서 대인관계가 어그러지거나 거짓말 때문에 스트레스를 받지도 않는다. 거짓말을 하지 않아야만 마음 편하게 살 수 있다.

서양 속담 중에 '하루만 행복하려면 이발소에 가라. 한 달만 행복하려면 결혼을 해라. 평생을 행복하게 살고 싶다면 정직하게 살아라.'라는 말이 있다. 정직한 사람은 인간관계가 매끄럽고 평온한 마음을 유지할 수 있으며 자부심과 자존심도 손에 넣을 수 있다.

다만 '거짓말도 방편.'이라는 속담도 있다. 나는 타인에게 상처를 주지 않기 위한 거짓말이나 또 다른 거짓말을 낳게 되는 거짓

말이 아니라면 때때로 거짓말이 필요하다고 생각하는 쪽이다. 지나치게 솔직한 나머지 다른 사람의 입장을 헤아리지 못하고 곧이곧대로 하는 말은 때때로 독설이 될 수도 있다.

기분 좋은 정직함은 자신과 타인을 신뢰할 때 자연스럽게 생겨난다. 정직한 사람은 있는 그대로의 모습으로 살며 어깨에 힘을 주지 않기에 상대하는 사람도 덩달아 마음이 가벼워진다.

함께 있으면 기분 좋은 사람은
불쾌해하지 않는다
9

"그래도…… 고마워."

내가 함께 여행하고 싶은 사람의 조건은 딱 한 가지다. 예기치 못한 사고가 일어나거나 뜻하지 않은 곤경에 처해도 불쾌해하지 않는 사람. 여행을 하다 보면 돌발적인 상황이 일어나기 마련이다. 계획한 대로 여행이 매끄럽지 않더라도 "이쯤 되니까 오히려 더 재미있네."라고 하거나 "진짜 여행은 길을 잃을 때 시작되는 셈이지."라며 곤란한 상황을 즐기는 사람이라면 어떤 모험이라도 마음 놓고 신나게 같이할 수 있을 것이다.

기분이 밝은 상태에서는 자연스럽게 좋은 것으로 시선이 향하며 즐거운 일이 일어날 확률이 높아진다. 전화위복이 되어서 "오히려 잘됐네."라고 말할 수 있을 만큼 좋은 결과가 만들어질 때도 있다.

일이 잘 풀리지 않을 때 불쾌해하는 사람과는 함께 있는 것만으로도 정신력이 소모된다. 여행의 목적은 스케줄에 맞추어 예정대로 움직이는 것이 아니라 여행하는 시간을 즐기는 것이다. 여행만이 아니라 일상생활이나 인생도 마찬가지다. 어머니가 미간을 잔뜩 찌푸린 채 불편한 심기를 드러내면서 집안일을 하면 가족의 마음이 편하겠는가? 가족으로서는 어머니가 집안일을 완벽하게 하는 것보다 가족 모두가 웃으면서 화목하게 지내는 데서 행복을 느낄 것이다. 불쾌한 심기는 타인의 행복마저도 빼앗아 버린다. 또한 기분이 불쾌한 채로 있으면 냉정함을 유지하지 못해서 다른 사람과 충돌하거나 실수를 저지르게 된다.

사람이 불쾌해지는 이유 대부분은 내가 생각한 대로 되지 않기 때문이다. 그 사건 자체에 원인이 있는 것처럼 보이지만, 그렇지 않다. 결국 감정을 선택하고 관리하는 존재는 바로 나 자신뿐이다. 평소에 '지금은 내 기분이 어떻지?', '불쾌해진 거 아니야?'라고 나의 감정을 의식하는 습관을 들이자. 이것이 시작이다. 가급적 좋은 기분으로 지내자고 생각하지 않으면 불쾌함은 사라지지 않는다.

그리고 말의 힘을 빌리면 불쾌한 기분을 효과적으로 다스릴 수 있다. 이를테면 "오늘은 지쳤어."를 "오늘은 참 열심히 일했어."로 바꾼다든지 "젠장 어떡하지?"를 "이런 일도 다 있네."로 바꾸어서 말해 보는 것이다. 마음속에 꿈틀거리는 부정적인 감정이나 말을 일단 받아들인 다음에 조금 긍정적인 것으로 바꾸기만 해도 기분이 풀리고 행동이 달라진다.

그중에서도 가장 효과적인 말은 "고마워."다. 돌발적인 사고가 일어났을 때 이렇게 중얼거리기만 해도 '이건 이것대로 잘된 일이야.'라고 의미 있게 받아들이게 되고 앞으로 나아갈 수 있을 것 같은 기운을 얻게 된다. 좋은 일이 일어났을 때나 나쁜 일이 일어났을 때나 무심결에 "고마워."라고 중얼거리는 습관을 들인다면 불쾌해지는 일이 크게 줄어들 것이다.

좋은 기분은 나 자신을 행복하게 만들 뿐만 아니라 주위 사람들도 행복하게 만든다.

함께 있으면 기분 좋은 사람은
친절에도 능숙하다

10

"친절하면서 티내지 않는 사람을 보면 기분이 좋아."

친절을 베푸는 솜씨가 뛰어난 사람들이 있다. 기껏 친절을 베풀
었는데 상대방에게 부담을 준다면 의미가 없다. 친절을 베푸는
기술이 뛰어난 사람들은 이러한 사실을 잘 알고 있기에 자연스럽
게 행동함으로써 상대방이 부담을 느끼지 않도록 만든다.

나는 전원생활을 하고 있다. 집을 비울 때가 많은데 내가 없는
사이에 내 시골집의 마당에 자란 잡초를 뽑아 주는 분들이 있다.
이웃에 사는 아저씨와 아주머니들이다. 그분들은 이렇게 말한다.
"쓸데없이 참견하는 건 아닌가 싶기도 하지만 잡초가 무성하게
자란 걸 보니 그냥 지나칠 수가 없더구나.", "우리 집 마당의 잡초
를 뽑는 김에 한 거니까 신경 쓰지 마라."

잡초를 제거하는 일이 얼마나 힘든지는 나도 잘 안다. 그래서

며칠 집을 비우고 돌아왔을 때 마당이 깨끗하게 정리된 것을 보면 미안한 마음이 들면서도 고마운 마음이 앞선다.

집에서 키운 채소를 주실 때도 이런 식이다. "남아돌아서 처치 곤란이야. 네가 좀 도와다오." 자동차로 공항까지 바래다줄 때는 또 이런다. "그렇지 않아도 공항 근처에 갈 일이 있어. 내가 데려다줄게." 이처럼 항상 편안하게 호의를 받아들일 수 있도록 말해 주신다. 감사의 뜻으로 선물이라도 할라치면 "이러면 내가 그걸 받고 싶어서 해 준 것 같지 않니? 도로 집어넣으렴."이라며 손사래를 친다.

함께 있으면 기분 좋은 사람은 자신의 사정을 겉으로 드러내지 않는다. "내가 하고 싶어서⋯⋯.", "~하는 김에.", "나도 즐거웠어." 같은 말로 상대의 마음을 가볍게 해 준다.

반면에 친절을 베풀면서 힘든 티를 내거나 "너를 위해서 일부러 시간을 낸 거야."라고 말하면서 으스대는 사람을 보면 '그런 거라면 안 해 주어도 됐는데⋯⋯.'라고 생각하게 된다. 기껏 친절을 베풀었는데, 받는 사람은 그것을 기분 좋게 받아들일 수가 없는 것이다.

또한 함께 있으면 기분 좋은 사람은 다른 사람이 꺼리는 일에 자발적으로 나선다. 예를 들어 직장에서 회식 총무를 맡거나 신입 사원의 뒤치다꺼리 담당 등을 "제가 할게요."라며 솔선해서 받아들이는 사람을 보면 기분이 상쾌해진다. 가습기의 필터를 세척하는 일이나 창고 정리처럼 힘들면서도 크게 인정을 받지 못하는 일에 자발적으로 나서는 사람이 있으면 함께 있는 것만으로도 마음이 정화되는 기분이 든다.

그런 사람을 보면서 기분이 좋아지는 이유는 아마도 자신의 손익을 따지지 않고 타인을 기쁘게 해 주면서 스스로 기쁨을 느끼고 다른 사람에게 도움을 주는 것으로 만족하는 참으로 순수하고 안심할 수 있는 상냥함을 경험하기 때문일 것이다.

무엇인가 도움이 될 수 있다면 망설이지 않고, 상대가 신경 쓰지 않도록 티 내지 않으면서 친절을 베푸는, 그런 멋진 친절 고수가 되고 싶다.

함께 있으면 즐거운 사람, 함께 있으면 피곤한 사람

기분 좋게 돈을 쓰는 사람의
세 가지 특징

11

"오늘 밥값은 내가 내야 하나?"

돈을 현명하게 쓰는 사람을 보면 안정감이 들어서 좋다. 반면에 흥청망청하거나 무조건 아껴야 한다며 극단적으로 돈을 안 쓰는 사람을 보면 조금 걱정이 된다.

돈을 어떻게 쓰는지만 보아도 그 사람의 품성을 엿볼 수 있다. 내가 기분 좋고 현명하게 돈을 쓴다고 느끼는 사람의 특징은 다음 세 가지다.

① 돈이 있는지 없는지 드러내지 않는다

상대가 돈에 신경 쓰지 않게 하는 것은 친절의 한 형태다. "내가 지금 돈이 없어서……."라고 말하면 상대는 신경이 쓰일 수밖에 없다. 돈을 펑펑 써 대는 사람은 친구를 잃거나 돈을 보고 꼬여든 사람만 주변에 남는 법이다. 상대와 자신의 경제 상황을 의식하면서도 그것을 드러내지 않고 대등하게 대할 때 편한 관계가 유지된다.

다만 윗사람이나 상사, 고객 등 상대가 누구든 더치페이가 반드시 좋은 것은 아니다. 때와 장소, 상황에 맞추어서 돈을 써야 한다. 고민이 되는 상황이라면 어떻게 할 때 양쪽 모두 좋은 기분을 유지할 수 있을지를 기준으로 생각해 보면 좋을 것이다.

② 돈에 대해 자기 나름의 방침이 있다

필요 없는 것에는 돈을 쓰지 않으면서 필요한 것에는 돈을 아끼지 않는 것이 중요하다. 이것에도 저것에도 돈을 막 써 대지 않고 자신이 무엇을 원하는지 충분히 고민해서 구입하고 오랫동안 사용하는 사람을 보면 안정감이 느껴진다. 이를 위해서는 '만 원의 행복' 같은 금전 감각을 유지할 필요가 있다. 돈이 많고 적음에 상관없이 지출을 억제하고 일정한 생활수준을 유지하는 사람은 다른 사람에게 신뢰감을 준다.

③ 타인과 자신을 위해 균형 있게 돈을 쓴다

적정한 범위에서 다른 사람을 위해 돈을 쓰는 사람을 보면 기분이 좋아진다. 신세를 진 사람이나 친구에게 작은 선물을 하고, 모르는 사람을 위해 마음을 담아 기부를 하는 사람에게서는 세상을 사랑하는 마음이 느껴진다. 특히 돈을 어느 정도 모은 사람은 다른 사람을 위해 돈을 쓸 수 있다는 사실을 기쁘게 받아들여야 할 것이다.

새로운 배움이나 경험을 위해 돈을 쓰는 것은 인생을 위한 좋은 투자다. 물건보다는 자신의 내면에 남는 것을 위해 돈을 쓰는 사람을 보면 나도 모르게 기운을 얻게 된다. 돈을 벌었을 때와 마찬가지로 돈을 쓸 때도 "고맙습니다."라고 감사하는 것이 돈과 기분 좋은 관계를 맺고 사람들과 기분 좋은 관계를 만들어 나가는 길이다.

빈틈이 없는 사람보다는
느슨한 사람이 되는 쪽이 낫다

12

"좋은 이미지를 주기 위해 너무 애쓰지 말자."

내가 제대로 하고 있다는 인상을 주고자 하고, 약한 모습을 보이지 않으려는 마음은 나쁜 것이 아니다. 다만 이러한 생각이 지나치면 자신도 주위 사람도 피곤해진다.

예전에 일했던 직장에 바늘 하나 들어갈 틈이 없을 정도로 뛰어난 여성 상사가 있었다. 멋도 잘 내고 업무도 빈틈없이 처리했으며 부하 직원의 작은 실수도 곧바로 찾아내서 지적해 주는 사람이었다. 모두가 그 상사의 업무 능력을 인정했다. 하지만 왠지 가까이 다가가기가 힘들었고 직장에는 항상 긴장감이 감돌았다.

그런데 어느 날 회식 자리에서 놀라운 일이 벌어졌다. 그 상사가 갑자기 머리를 풀어 헤치더니 하드록을 부르기 시작한 것이다. 나중에 얘기를 들어 보니 어렸을 때부터 줄곧 하드록 팬이었

함께 있으면 즐거운 사람, 함께 있으면 피곤한 사람

다고 했다. 결코 잘한다고 말하기는 어려운 실력이었지만, 언제나 단정하게 차려입고 매사에 빈틈이 없던 사람에게서 의외성을 발견하고는 다들 커다란 환호를 보냈다. 그리고 이날을 기점으로 그녀는 '사랑받는 캐릭터'가 되었다. 자신의 숨겨진 모습을 드러내자 일종의 '느슨함'이 생겨나면서 주위 사람들에게 친근함을 주게 되었던 것이다.

직장 문화가 점점 경직되어 가는 것 같다. 다들 틈을 보여서는 안 되고 완벽해야만 한다고 생각하며 노력하고 있다. 하지만 그렇게 해서는 인간관계가 답답해진다. 함께 있을 때 기분 좋은 사람이 되려면 적당한 느슨함이 필요하다. 오늘은 하이힐이 좀 답답하게 느껴진다면 로힐을 신어도 되고, 일이 힘들다고 느껴질 때는 잠시 농땡이를 부리거나 다른 사람에게 의지해도 된다. 약한 소리를 해도 좋다. 어깨의 힘을 적당히 빼면 다가서기 편해져서 다른 사람들도 뒷받침을 해 준다. 아이러니하게도 좋은 인상을 주고 싶다고 애쓸 때보다 더 호감을 사게 된다.

만나면 기분 좋은 사람의 조건으로 중요한 또 한 가지는 '웃는 얼굴'이다. 무뚝뚝한 표정인 사람과 웃는 표정인 사람 가운데 누구에게 말을 걸기가 편한가? 당연히 웃는 표정을 짓고 있는 사람일 것이다. 표정이 온화하면 주위를 안심시키며 마음을 편하게 해 준다. 그래서 쉽게 받아들여진다. 웃는 얼굴은 인간관계의 윤활유이며 쉽게 전염이 된다. 일이 다소 힘들더라도 직장에 웃음이 가득하면 스트레스가 줄어들고 분위기도 좋아지기 마련이다.

만나면 기분 좋은 사람이 되려고 너무 애쓸 필요는 없다. 오히려 애쓰지 않는 편이 낫다. 느슨함과 웃는 얼굴을 갖춘다면 나도 편해지고 주위 사람도 저절로 편해질 테니까.

솔직하게 가르쳐 달라고 말하는
사람과는 친해질 수 있다
13

"이걸 모른다고 하면 저 사람이 나를 무시하지 않을까?"

내 친구 중에 여러 개의 IT 기업을 경영하는 여성 사장이 있다. 이 친구는 사람들에게 배우는 것을 참 좋아한다. 호기심이 왕성해서 새로운 화제를 접하면 눈을 반짝이며 즐거운 표정을 짓는다. "그거 재미있네. 좀 자세히 가르쳐 줘." 그리고 흥미로운 것이 있으면 즉시 메모를 한다.

그녀는 이력이 특이하다. 음식점에서 아르바이트를 하던 싱글 맘에서 사원 수십 명이 일하는 회사의 사장이 되었다. 기업체의 사장이 되는 과정에서 끊임없이 자세를 낮추며 "가르쳐 주세요." 라고 부탁하기를 반복했을 것이다. 지금도 주변의 많은 사람들이 그 친구를 뒷받침해 주고 있다. 성공한 지금도 "나는 모르는 게 너무 많아요."라고 말한다. 이러한 겸손함이 사람들을 매료시키고 여러 가지를 스펀지처럼 빨아들이도록 만들어 주는 것인지도 모른다.

"내가 잘 몰라. 그러니 좀 가르쳐 줘."라고 말하는 사람을 보면 경계심이 사라진다. 좋은 것을 배웠다고 기뻐하고, 배운 것을 실행하면서 성장하는 모습을 보면 가르침을 준 사람은 그들대로 보람을 느끼고 기분이 좋아진다. 그리고 또다시 그 사람에게 도움이 되는 일을 해 주거나 좋은 정보를 알려 주려는 마음이 커진다.

반면에 모르는 것이 있는데도 자존심 때문에 가르쳐 달라고 말하지 못하는 사람도 있다. 특히 학력이 높거나 사회적으로 성공한 사람들 가운데 이런 유형이 많다. '이런 걸 물어보면 나를 어떻게 생각할까?', '저 사람에게 고개를 숙이고 싶지 않아.', '몰라도 딱히 상관없지 않겠어?' 등등 알량한 자존심 때문에 배움이나 성장의 기회를 놓쳐 버린다. 자신에게 솔직하지 않기 때문에 큰 손해를 보는 것이다.

가르침 받기를 즐기는 사람은 작은 자존심 따위는 집어 던지고 좀 더 성장할 수 있고 사람들과 유대를 형성할 수 있는 가치를 선택한다. 상대가 누구든 눈높이를 맞추고 모르는 것이 있으면 곧바로 "그게 뭐야?", "가르쳐 줘."라고 말한다. 그러면 상대는 대부분 "어, 이런 것도 몰라?"라고 타박을 하면서도 내심 기분이 좋아져서는 친절하게 가르쳐 준다.

내가 모르는 전문 분야나 취미에 관해서도 주저하지 말고 질문을 던지자. 그리고 상대가 가르쳐 주면 크게 기뻐하며 감사하자.

또한 나도 상대에게 도움이 되는 좋은 정보가 있다면 가르쳐 주자. 이렇게 가르침을 주고받는 가운데 주변 사람들과 더욱 친해지고 관계의 깊이가 단단해질 것이다. 누구나 나의 스승이 될 수 있고, 나 또한 누군가의 스승이 될 수 있는 것, 그것이 인간관계 아니겠는가.

매사에 정성을 다하는 사람은
보고만 있어도 기분이 좋아진다

14

"보고만 있어도 기분 좋은 사람이야."

전자레인지를 사려고 가전제품 매장에 갔다가 굉장히 정성스럽게 제품에 대해서 설명해 주는 점원을 만났다. 제품의 기능이나 디자인 등에 대해서 설명서도 보지 않고 설명해 주는 것은 물론이고 "어떨 때 전자레인지를 사용하시나요?"라며 나의 식생활 습관에 대해서도 물어보았다. 그래서 내가 매일 아침에 빵을 먹는다고 이야기했더니 그 점원은 잠시 생각에 잠겼다가 말했다.

"그렇다면 전자레인지보다는 오븐 토스터를 구입하시는 편이 나을지도 모르겠네요."

전자레인지보다 가격이 훨씬 싼 토스터를 추천하고는 그중에서도 원적외선 히터를 탑재한 모델의 우수성을 즐거운 표정으로 가르쳐 주었다.

함께 있으면 즐거운 사람, 함께 있으면 피곤한 사람

"빵 안쪽까지 열이 가해져서 속은 부드럽고 표면은 바삭하게 구울 수 있습니다. 저희 집에서는 미네스트로네(주로 토마토를 사용해서 만드는 이탈리아의 채소 스프)와 함께 식빵을 먹는데, 이 토스터로 구우면 맛이 끝내준답니다."

이 말을 듣고 미네스트로네와 식빵을 먹는 장면까지 떠올린 나는 "그걸로 살게요."라고 말해 버렸다. 정성스러운 설명에 어찌나 감동을 받았는지, 점원의 이름을 기억해 놓았다가 다음에 가전제품을 살 때도 이 사람에게 사자고 생각했을 정도다.

매사에 정성을 기울이는 사람을 보면 기분이 좋아진다. 일처리뿐만 아니라 차를 정성스럽게 내리는 사람, 메모를 하면서 글씨를 정성스럽게 쓰는 사람, 정중하게 말하는 사람, 물건을 정성스럽게 손질하는 사람을 보면 약간의 감동까지 느껴진다. 그 사람의 정성에서는 사물을 소중하게 여기는 자세뿐만 아니라 다른 사람을 소중하게 여기는 마음까지 전해지기 때문이다.

'정성스럽다'고 표현했지만 특별한 행동을 할 필요는 없다. 하나부터 열까지 전부 정성스럽게 하려고 하면 아무리 시간이 많아도 모자랄 수밖에 없다. 가령 허브를 베란다에서 직접 키우고 얼굴 팩도 직접 만들어서 쓴다면 금방 지쳐 버릴 것이다. 평소의 페이스를 유지하다가 이때다 싶은 순간에 '기왕 할 거라면 정성스럽게 하자.'라고 의식하는 습관을 들이기만 해도 된다. 반대로 '평소와 똑같이', '적당히 이 정도만'이라고 생각하면 삶을 살아가는 자세마저도 소극적이게 될 수밖에 없다.

하고 싶지 않은 일일수록 정성스럽게 하는 것이 중요하다. 그러면 어느새 그 일에 열중하게 되고 좋아지기도 하는 법이다.

정성스럽다는 것은 마음이 밝은 쪽으로 향하고 있다는 뜻이다. 그래서 주위 사람들은 그런 사람을 보는 것만으로도 기분이 상쾌해지는 것이다.

3

같이 있으면
자꾸만 피곤해지는 사람

주변에 꼭 있는 '이런 사람' 대처법

내키는 대로 행동하는
기분파

1

"저 사람의 기분이 나쁜 것이 내 탓은 아니잖아."

친구가 고민을 털어놓았다.

"회사에 여자 선배가 있는데, 기분 내키는 대로 행동하는 게 좀 지나쳐. 기분이 좋을 때는 그렇게 상냥할 수가 없는데 기분이 나쁠 때는 기분 나쁜 티를 팍팍 내고 다니지 뭐야. 어떨 때는 나한테 화풀이를 한다니까. 상대하기가 너무 피곤해서 회사를 그만두고 싶을 정도야."

같이 지내야 하는 사람이 기분파라면 굉장히 피곤하다. 갑자기 심기가 불편해 보이면 '무슨 일이 있었나?', '혹시 내가 뭘 잘못했나?'라는 생각에 안절부절못하게 된다.

하지만 '왜일까?' 하고 그 이유를 깊이 생각할 필요는 없다. 대부분 딱히 이유가 없기 때문이다. 짜증나는 일이 겹쳤거나 자기

뜻대로 되지 않아서 기분이 나빠졌을 것이다. 다음날이 되면 그 사람도 깨끗이 잊어버리는 경우가 많기 때문에 내 쪽에서 일일이 걱정하고 고민하는 것은 시간 낭비, 정신력 소모일 뿐이다.

기분이 나쁜 것은 당사자의 몫이다. 내버려두면 된다. 할 수 있는 최선책은 '원래 그런 사람이잖아.'라고 편하게 생각하고 나까지 기분 나빠지지 않도록 하는 것이다. 괜히 쓸데없이 "왜 그렇게 기분이 나쁜 거예요?"라고 참견하거나 꼴 보기 싫다고 전투태세에 돌입하면 불쾌함을 부추겨서 폭발하기도 한다. 기분대로 행동하는 사람과 같은 공간에 있을 때는 저녁에 무엇을 먹을까 생각하거나 그냥 업무에 집중하자. 신경 쓰지 않는 것이 최선이다.

기분 내키는 대로 행동하는 사람도 본인이 원해서 기분파가 된 것은 아닐 것이다. 어떤 이유로 자신의 감정을 다스리지 못하게 된 것뿐이다. 무례한 표현일 수 있지만, 자신의 생각대로 되지 않을 때 투정을 부리거나 떼를 쓰는 아이처럼 그렇게 행동하는 방법밖에 모르는 것일 수도 있다.

기분이라는 것은 날씨와 비슷하다. '폭풍이 왔구나.' 생각하며 담담하게 지내다 보면 반드시 맑은 날이 찾아온다. '슬슬 올 것 같은데.'라는 조짐이 보이면 가급적 일찌감치 자리를 뜨거나 거리를 두는 등의 대책을 세우자. 그 사람이 기분이 좋은 동안에 함께 해야 할 업무를 한꺼번에 처리하거나 평소 하고 싶은 말을 완곡하게 할 수도 있다.

한 가지 비밀이 있다. 기분파는 의외로 상대하기 쉬운 사람이라는…….

☹ 만약 당신이 기분파인 것 같다면

마찬가지다. 맑은 날이 있으면 궂은 날도 있다는 식으로 보다 넓은 마음가짐을 갖자. 타인의 기분과 내 기분을 너무 심각하게 생각하지 않는 것이 '기분'을 상대하는 방법이다. 맑은 날은 반드시 찾아오니 걱정하지 말자.

함께 있으면 즐거운 사람, 함께 있으면 피곤한 사람

자기 자랑과 허세가
지나친 사람
2

"왜 저렇게 대단한 사람이 못 되어서 안달인 거지?"

사람은 누구나 다른 사람에게 인정받고 싶어 한다. SNS나 블로그, 유튜브 사용자가 폭발적으로 증가한 것도 자기표현과 타인의 인정을 받고 싶은 욕구가 매체의 소통 방식과 맞아떨어진 결과인지도 모른다. 손수 만든 도시락이나 휴일에 놀러간 관광지 등의 사진을 올리는 심리는 충분히 이해가 된다. 그리고 대부분의 사람은 이처럼 작고 귀여운 자랑을 흐뭇하게 바라봐 준다. 그러나 주목받고 싶어 하는 마음이 지나치면 주위 사람들이 조금씩 피곤함을 느끼기 시작한다. 마치 엄마가 어린 자녀를 달래듯 의무적으로 '좋아요'를 누르거나 칭찬하는 댓글을 남긴다.

　다른 사람과 대화를 하면서 자기 자랑을 늘어놓는 사람도 비슷한 심리일 것이다. 자랑의 내용은 과거의 무용담이나 영광스러웠던 순간, 이성으로부터 받는 인기, 경력, 용모, 소유물, 가족, 반려 동물 등 다양하다. 그런데 사실상 이야기를 듣는 사람들은 그런 것에 별로 관심이 없다. 그러면서도 나를 칭찬해 달라는 화자의 욕구와 의도를 무의식적으로 느끼고 그러한 상황을 수습하기 위해 "대단하네요."를 반복하면서 정신적으로 피로를 느끼게 된다. 특히 연장자의 자기 자랑에 장단을 맞추어 주느라 녹초가 되었던 경험은 누구나 한두 번쯤 있을 것이다. 자랑은 말하는 사람에게 황홀감을 주기 때문에 일종의 중독성이 따르기도 한다.

왜 이렇게 남들이 싫어할 정도로 자랑을 늘어놓는 것일까? 가장 큰 이유는 나 자신을 대단한 사람으로 포장하지 않으면 무시당할지도 모른다는 불안과 열등감으로 인해 자기 과시욕에 제동이 걸리지 않기 때문이다.

그리고 주변의 분위기에 민감한 사람들은 대놓고 자랑하는 건 남들도 싫어하고 나도 좀 창피하다고 여기면서 굴절된 형태의 자랑을 늘어놓기도 한다. 이를테면 "내가 동안이다 보니 사람들이 어린애 취급을 하는데, 그게 정말 싫어.", "남자 친구가 나를 너무 속박해서 힘들어." 등 자학이나 불만 속에 슬그머니 자랑을 섞는 식이다.

이런 것들은 전부 '나를 인정해 줘!'라든가 '당신과 친해지고 싶어.' 같은 마음에서 비롯되는 행동이므로 적당히 장단을 맞추어 주고 피곤해지기 전에 화제를 바꾸면 될 것이다.

함께 있으면 즐거운 사람, 함께 있으면 피곤한 사람

☹ 만약 당신이 자기 자랑과 허세가 지나친 사람이라면

사람의 장점은 나 스스로 대단해 보이려고 자랑하고 뽐낼 때보다는 우연한 기회에 드러나는 경우가 많다. 이렇게 드러난 장점은 주위 사람들이 저절로 깨닫기 때문에 더 좋아 보인다. "저 사람, 자기 입으로 말은 안 하지만 참 대단해."라는 평가가 따를 때 훨씬 좋은 인상을 남길 수 있다. '자기 PR' 시대인 만큼 스스로를 드러내는 것도 중요하지만, 자신 있는 포인트일수록 "별것 아닙니다.", "아직 부족합니다."라고 겸손하게 표현할 때 주위의 평가가 더 높아지는 법이다. 또한 겸손한 한마디는 자신의 욕심과 오만함에 제동을 걸어 심리적 안정감을 가져다준다.

상황과 처지에 따라
태도를 바꾸는 사람

3

"어쩜 하나만 알고 둘은 모르는 걸까?"

직장인들이 싫어하는 상사 1순위는 상대에 따라 태도를 바꾸는 사람이라고 한다. 윗사람이나 클라이언트에게는 비굴할 정도로 굽실거리다가도 부하 직원이나 하청 업체 사람들 앞에서는 내려다보는 시선으로 거들먹거리는 사람을 보면 화가 날 수밖에 없다. 마치 "너는 대충 상대해도 상관없어."라고 말하는 듯한 태도를 기분 좋게 받아들일 수 있는 사람은 없을 것이다.

비유하자면 〈도라에몽〉에 나오는 비실이 같은 사람이라고나 할까? 힘이 센 퉁퉁이한테는 아양을 떨고 좋아하는 이슬이한테도 칭찬을 아끼지 않지만 실수를 연발하는 진구는 깔보고 괴롭히는……. 어떻게 보면 이런 사람은 굉장히 알기 쉬운 사람일 수도 있다.

함께 있으면 즐거운 사람, 함께 있으면 피곤한 사람

요즘에는 말솜씨가 좋고 약삭빠르게 처신하는 비실이의 처세술이 높게 평가받는 모양이다. 그러나 이렇게 상대에 따라 태도를 바꾸는 사람은 언뜻 영리해 보이지만 하나만 알고 둘은 모르는 것이라 할 수 있다. 업신여김을 당해서 마음에 상처를 입은 사람에게는 증오와 원망이 남기 마련이다. 권력을 등에 업고 오만하게 행동하는 상사를 위해서 열심히 일하는 부하 직원은 없을 것이고 곤경에 처했을 때 도움의 손길을 내밀지도 않을 것이다. 이런 상황은 결국 승진에도 악영향을 미치게 된다. 남의 가슴에 상처를 남긴 화살은 언젠가 부메랑이 되어 돌아오는 것이 세상의 이치다.

그런데 그런 사람들은 왜 이렇게 사람에 따라 태도를 바꾸는 것일까? 그것은 사실 자신이 없기 때문이다. 위치나 권력을 이용하지 않고는 다른 사람 앞에서 당당할 수 없다. 인정받지 못하는 것에 강한 위기감을 느끼기 때문이기도 하다. 회사나 출신 대학, 가족의 직업 등을 내세우고 싶어 하는 사람과 비슷한 심리 상태에 있다. 억지로 그러한 것들에서 가치를 찾아내려 하기 때문에 제멋대로 우열을 정하고 상대에 따라 태도를 바꾸는 것이다.

여러분 주위에 그런 사람이 있다면 '타인을 깔보는 태도를 보이는 것은 그 사람에게 문제가 있는 거야.', '그 사람이 뭐라고 생각하든 나에게는 나의 가치가 있어.'라고 생각하자. 그러면 상처받을 일이 없을 것이다. 호가호위(狐假虎威)하는 사람을 상대하느라 상처받는 것은 시간 낭비일 뿐이다.

☹ 만약 당신이 상대에 따라 태도를 바꾸는 사람이라면

정말로 현명한 사람은 자신보다 처지가 열악한 사람을 더욱 소중히 대한다. 고마움을 표시하거나 배려하며 좋은 점을 칭찬하는 등 정중한 태도로 대하면 상대는 '우리에게까지 신경을 써 주다니!'라고 감동하고 '이 사람을 위해 노력하자.'는 마음을 먹어서 나중에 힘이 되어 주기도 한다. 또한 자연스럽게 윗사람에게도 인정받게 된다. 누군가는 어딘가에서 당신을 지켜보고 있다.

불평과 불만을
늘어놓는 사람

4

"이럴 땐 어떻게 해야 할까?"

내 친구(남성) 중 한 명이 회사의 관리직에서 일하고 있는데, 직장 생활을 하면서 겪는 고충 가운데 하나가 부하 여직원들이 늘어놓는 불평과 불만이라고 했다.

"회사의 방침이 이상하다느니, 나만 업무가 너무 많다느니, 후배가 일을 못한다느니 하는 불평과 불만을 한밤중까지 문자로 보내는 통에 정말 미치겠어."

이렇게 불평과 불만을 상사에게 직접 말하는 사람은 극소수일 것이다. 대부분은 회사 동료에게 투덜대거나 직장이 아닌 곳에서 불만을 터뜨리고 있을지 모른다. 어쨌든 이런 식으로 계속해서 불평만 늘어놓는 사람 곁에 있다 보면 나의 의욕도 점점 떨어지고 정신적으로 피곤해진다. 한창 불평과 불만을 늘어놓는 사람

앞에서 "빨리 일어나 하자."고 말하고 싶어질 때도 있다. 불평만 늘어놓은들 문제가 해결되지는 않기 때문이다.

불평이 많은 사람도 태어났을 때부터 그렇지는 않았을 것이다. 잘못된 생각의 습관이 그 사람을 그렇게 만들었을 것이다. 불평의 본질은 스스로 해결하려고 하지 않는 습관에 있다. 사실은 자신의 내부에 답이 있는데, 외부에서만 해결책을 찾으려고 하니까 불평과 불만이 쌓이는 것이다. 이것이 심해지면 피해 의식이나 질투심이 강해져서 타인을 공격하게 된다. 게다가 불평이 많은 사람 대부분이 자신에게는 문제가 없고, 자신은 문제를 해결하기 위해 노력하고 있다고 믿기 때문에 문제가 더욱 악화되기도 한다.

한 가지 해결책이 있기는 하다. 이런 사람들은 스스로 문제를 해결하고 싶다는 생각이 강하므로(스스로 행동하지는 않으면서) "이렇게 해 보면 어떨까?"라고 함께 궁리해 보는 것이다. 그러면 긍정적인 관계로 발전할 수도 있다.

☹ 만약 당신이 평소에 불평이 많은 사람이라면

악마의 세 가지 주문인 "하지만", "그래 봤자", "어차피"가 입 밖으로 나올 것 같으면 "자, 그럼 어떻게 해야 할까?"로 바꾸어 말해 보자. 불평이 많은 사람은 "하지만……."이라는 현실 부정이나 "그건 무리야. 그래 봤자……."라는 자기변호, "어차피 ~일 텐데……."라는 자기 비하가 입버릇처럼 붙어 있어서 앞으로 나아가지 못하는 사고 패턴에 빠져 있다.

사소한 입버릇을 아주 조금만 바꾸어도 인생은 좋은 방향으로 흘러간다. "어떻게 해야 할까?"를 입버릇으로 만들어서 스스로 해결하려 하는 습관을 들이면 문제를 해결하는 능력이 크게 향상된다. 내가 할 수 있는 일은 직접 하자. 도저히 내가 할 수 없는 일이라면 '어쩔 수 없지.'라고 생각하며 조금씩 나아가는 수밖에 없다. 지금 당장 바꿀 수 있는 것은 나 자신의 말과 행동, 그리고 마음가짐뿐이지 않은가?

지나치게
오지랖이 넓은 사람

5

"이렇게까지 하지 않으셔도 됩니다."

다들 이기적으로 살고 있는 것 같지만 세상에는 남을 돕기를 좋아하고 친절을 베풀고 싶어 하는 사람이 더러 있다. 나도 그런 사람들에게서 도움을 받으며 살아왔다. 그런데 친절한 사람 중에는 때때로 상대가 원치 않는 호의까지 베푸는 소위 '오지랖 넓은 사람'이 섞여 있기 마련이다. 예를 들면 회사 일이나 사적인 일에 막무가내로 끼어들어서 조언을 해 주고, 상대가 필요로 하지 않는 것까지 억지로 추천하기도 한다. 이런 사람이 주변에 있으면 상당히 성가시다. 받아들이는 쪽에서 "그건 좀…….", "그렇게까지 해 주지 않으셔도 됩니다."라며 난색을 표해도 "무슨 말을 그렇게 섭섭하게 해? 기껏 생각해서 한 건데 사람 마음도 몰라주고."라며 서운해하거나 불편한 심기를 드러낸다.

오지랖이 넓은 사람은 세상을 자신의 주관으로만 바라보기 때문에 상대를 바로잡으려 한다. 그런 사람에게는 상대에 대한 배려심이 없다. '자기중심'의 나르시시스트적인 친절을 베풀고는 감사받기를 기대한다. 그리고 이런 사람의 대부분이 상대가 불편해한다는 사실을 깨닫지 못한다.

한편 정말로 친절한 사람은 상대 중심의 친절을 베풀기에 "그럴 필요까지는 없습니다."라는 말을 들으면 "어, 그래? 내가 괜한 것까지 신경을 썼네. 미안해."라며 자신의 행동을 바로잡는다.

그렇다면 오지랖이 넓은 사람을 어떻게 상대해야 할까? 가장 좋은 방법은 오지랖이 넓은 사람에게 '다루기 힘든 사람'이 되는 것이다. 오지랖이 넓은 사람은 오지랖이 허용되는 타깃을 찾아내는 솜씨가 뛰어난데, "저는 ~한 이유로 이렇게 합니다."라고 명확하게 자기주장을 하는 사람을 상대하기 껄끄러워한다. 만약 오지랖이 넓은 상대가 윗사람이라면 감사를 표시해 상대의 자존심을 충족시켜 주면서 "이제는 더 필요하지 않습니다."라고 못을 박아야 한다. 상대에게 쓸데없는 정보를 주지 않는 것도 중요하다.

☺ 만약 당신이 오지랖이 넓은 사람이라면

남을 잘 도와주어서 사랑받는 사람들이 자주 하는 말이 "혹시 필요 없다면 말해 줘."이다. 상대가 거절한다면 "그래? 알았어."라고 말하고 깔끔하게 물러선다.

그리고 또 한 가지 입버릇은 "(내가) 좋아서 하는 거야."이다. 친절을 능숙하게 베푸는 사람은 상대에게 부담을 주지 않는다. 그래야 상대도 부담 없이 친절을 받아들일 수 있다.

'네가 좋아해 준다면 나도 기뻐.'라는 마음으로 교류할 때 자신도 상대도 행복해질 수 있으며 또 다른 친절로 발전될 것이다.

지나치게 긍정적이어서
도리어 피곤한 사람

6

"지금 난 우울해. 잠시만 우울한 상태로 있을게."

세상에는 기운이 넘칠 때 만나면 즐겁지만 컨디션이 나쁘거나 기분이 우울할 때는 가급적 피하고 싶은, 묘하게 밝고 긍정적인 사람이 있다. 대체로 그런 사람은 악의는 없지만, 같이 있다 보면 에너지를 빨리는 것처럼 녹초가 되어 버린다.

　내 지인 중에 그런 유형의 여자 사장이 있다. 솔직히 말해서 그 사람이 직장 상사라면 정말 힘들 것이라는 생각을 종종 한다. 그 사람은 몸이 피곤하든 좋지 않은 일이 있든 항상 긍정적이다. "좀 더, 좀 더……."라며 목표의 허들을 높이고 계속 전진하려 한다. 그 사람의 두뇌 회로 속에는 '긍정적인 것=좋은 것', '부정적인 것=나쁜 것'이라는 공식이 새겨져 있어서 항상 밝고 명랑하게 살면 인생이 좋은 방향으로 나아갈 것이라고 믿고 있는지도 모른다.

그러나 사람이 항상 명랑할 수는 없다. 몸의 컨디션이 좋지 않을 때 지나치게 긍정적인 사람을 피하고 싶은 이유는 왠지 항상 명랑해야 한다고 요구받는 기분이 들어서 장단을 맞추어 주느라 피곤해지기 때문일 것이다. 게다가 그것이 진심에서 우러나오는 명랑함이라면 다행이지만, 긍정적으로 살려고 노력할수록 누구보다 지치는 사람은 바로 그 자신인지도 모른다. 스스로 만족하지 못하거나 현실에 불만을 품게 되는 등 마음이 따라오지 못하는 무리한 긍정은 개운치 않은 뒷맛을 남기며 어딘가에 악영향을 끼치게 된다.

이렇게 지나치게 긍정적인 사람이 주위에 있다면 어떻게 해야할까? 상대의 생각을 바꾸기란 불가능하기 때문에 그냥 내버려두는 게 상책이다. 주위 상황을 고려하지 않고 긍정적인 생각을 강요하거나 무리하게 긍정적인 상황으로 만들려 하더라도 크게 신경 쓰지 말자.

☺ 만약 당신이 지나치게 긍정적인 사람이라면

진정한 긍정적 사고는 모든 현실을 인정하는 데서 시작된다. 부정적인 감정도 긍정적인 감정과 마찬가지로 엄연히 존재하는 감정이다. 중요한 점은 자신에게 정직해지는 것이다. '항상 긍정적'이 아니라 일시적으로 부정적인 감정이 되더라도 다시 앞을 바라보며 걸어가려 노력하는 것이 중요하다. 부정적인 느낌에 사로잡히게 되었다면 누군가에게 불평을 들어 달라고 하고, 슬플

함께 있으면 즐거운 사람, 함께 있으면 피곤한 사람

때는 소리 내어 울자. 그러면 기분이 나아질 것이다. 풀이 죽은 사람이 있다면 "나도 마찬가지야."라며 다가가는 것도 한 가지 방법이다.

자기밖에 생각할 줄
모르는 사람

7

"죄송하지만 저는 그렇게 할 수 없습니다."

어떤 사람을 보면서 정말 자기밖에 모르는 사람이구나 하는 느낌
이 들어서 온몸이 부들부들 떨릴 정도로 분노가 치솟거나 정신적
으로 피곤해졌던 경험은 누구에게나 있을 것이다. 지시를 수시로
바꾸는 상사, 귀찮은 업무를 떠넘기는 동료, 갑자기 제멋대로 약
속을 취소하는 연인 등 자기중심적인 사람은 같이 있을 때 피곤
해지는 사람 중에서도 가장 골치 아픈 존재다.

애초에 우리는 자신의 눈으로만 세상을 바라볼 수 있으므로 많
든 적든 자기중심적인 측면이 있다. 하나부터 열까지 남에게 맞
추려 하면 그것은 그것대로 피곤한 일이기에 미안하다고 생각하
면서도 자신의 생각을 상대에게 밀어붙일 때도 있다. 의견 차이
가 있는 것은 당연한 일이며, 이때 상대에게 양보하거나 대화를

통해서 절충안을 마련하기도 한다.

그런데 정말로 자기밖에 모르는 사람은 상대에게 피해를 준다 거나 미움을 받는 것에 대한 자각이 떨어진다. 자신의 욕구를 충족하는 데에만 급급하며, 타인에게 자신을 이해해 달라고 요구하면서도 다른 사람이 자신을 어떻게 바라보는가에 대한 평가에는 둔감하다. 요컨대 상대에 대한 공감과 상상력이 결여되어 있어서 당당하게 자기중심적으로 살 수 있는 것이다.

만약 여러분 주위에 자기중심적인 사람이 있다면 어떻게 해야 할까? 자기중심적인 사람을 상대할 때는 자신의 의견을 명확하게 주장하는 것이 중요하다. 상대는 타인의 기분을 이해하지 않으므로 싫은 것은 싫다고 말해야 휘둘리지 않는다. 자기중심적인 사람의 주위에는 상처를 받았거나 손해를 보고 있는 사람도 많기 때문에 여러분이 용기를 내면 본인은 물론이고 주위 사람들에게까지 좋은 영향을 끼치게 된다.

다만 표현에는 주의하자. 전투 모드가 되어서 상대를 몰아붙이면 그런 사람은 반드시 화를 낸다. 그러니 냉정하게 "나는 그렇게 못해.", "저는 싫습니다."라고 생각을 밝히자.

☹ **만약 당신이 자기중심적인 사람인 것 같다면 다음 두 가지를 주의하기 바란다.**

① 자신이 당하면 싫어할 행동은 상대에게도 하지 않을 것 : 약속을 지키지 않거나 거짓말을 하고 상대의 부모님에 대해서 악담

을 하는 등 당하는 사람이 슬퍼할 거라는 생각이 드는 행동을 하지 않는다면 자기중심적인 태도가 도를 넘게 되는 일은 일어나지 않을 것이다.

② 타인의 이야기를 귀담아 들을 것 : 상대가 자신이 주장하는 바를 들어주기를 바란다면 자신을 이해해 주기를 요구하기에 앞서 상대를 이해하려 하자. '이 사람은 타인의 기분을 이해하는구나.'라는 생각이 들면 상대는 안심하며 호감을 느낀다. 고집이 허용되는 범위도 넓어질 것이다.

함께 있으면 즐거운 사람, 함께 있으면 피곤한 사람

지나치게 다른 사람의 눈치를
살피는 사람

8

"내가 어떻게 하든 문제가 생기진 않을 거야. 난 괜찮은 사람이니까."

사실 과거의 나는 매사에 다른 사람의 눈을 신경 쓰는 성격이었
다. 나 자신에게 자신감이 없었기 때문일지도 모르고, 유아기의
생활환경이나 경험이 어떤 식으로든 영향을 끼쳤는지도 모른다.
'이런 말을 하면 나를 싫어하지 않을까?', '이런 행동을 하면 사람
들에게 피해를 주지 않을까?'라며 위축되어 아무것도 못하고, 사
람들의 눈치를 보느라 하고 싶은 말을 하지 못했다. 동료가 "점심
은 어디에서 먹을까?"라고 물어보면 사실은 그냥 사무실에 있고
싶은데 "난 어디라도 상관없어. 너희가 가고 싶은 데 가자."라고
대답했다. 마치 나라는 존재는 없다는 듯이……. 주위 사람들도
그런 내게 진저리가 나고 짜증이 났던 모양인지 종종 "너는 대체
어디 있는 거니?", "그러니까 너는 뭐가 하고 싶은 거야?"라는 말

을 하고는 했다.

  내 친구 중에 자신이 하고 싶은 말을 거리낌 없이 하는 사람이
있다. 그 친구를 보면서 나는 '얘는 타인을 신뢰하고 있구나.'라는
생각이 들었다. '나 자신을 드러내더라도 큰 문제는 일어나지 않
아.'라며 자신과 타인을 진심으로 신뢰하기에 자유롭게 행동할
수 있는 것이다. 그 결과 주위 사람들도 '얘는 그런 애야.'라고 생
각하고 대하며, 겉과 속이 같기에 신뢰를 보낸다.

☺ 만약 당신이 다른 사람의 눈을 지나치게 신경 쓰는 사람이라면

나는 어느 날 다른 사람이 뭐라고 생각하든 상관없으니 나 자신
에게 솔직하게 살자고 결심했다. 나 자신의 행복을 책임질 수 있
는 사람은 오직 나뿐임을 깨달았기 때문이다. 그때부터는 다른
사람에게 큰 피해를 주지 않는 범위에서 하고 싶은 말을 하고, 하
고 싶은 일을 하게 되었다.

그러고 나서 알게 된 사실은 사람들은 내가 생각하는 것만큼 나
한테 신경을 쓰지 않는다는 사실이었다. 잠시 싫은 소리를 하더
라도 그 순간이 지나가면 내게 신경도 쓰지 않는다. 사람들이 나
를 신경 쓰고 있다는 생각은 쓸데없는 걱정이었다.

그리고 또 한 가지. '내가 어떻게 해야 호감을 살 수 있을까?'를
걱정하기보다 '어떻게 해야 상대를 좋아하게 될까?'를 생각하며
상대의 좋은 부분을 찾아내려 하는 편이 훨씬 관계성을 발전시

함께 있으면 즐거운 사람, 함께 있으면 피곤한 사람

킬 수 있다는 사실을 알게 되었다. 어떤 사람이든 좋은 점이 있기 마련이다. 상대의 나쁜 점이 아니라 좋은 점을 찾아내서 좋아하려 하면 인간관계는 대부분 좋아진다.

타인의 눈만 신경 쓰며 소심하게 생각하는 사람은 호감을 사려 하기 전에 먼저 상대를 좋아하려고 노력하기 바란다. 편안함은 그런 자세에서 생겨난다는 것이 내 생각이다.

자기 확신이
심한 사람

9

"그래, 네 생각도 옳아."

자기 확신이 강한 사람은 보기 드문 특별한 사람일 거라고 생각하기 쉽지만, 의외로 이런 사람이 많고 누구나 그렇게 될 가능성이 있다.

20대 시절, 나는 "여자의 행복은 무조건 결혼에 달려 있어. 일같은 건 적당히 해도 돼."라고 말하고 다녔다. 지금 그때를 돌아보면 "왜 그렇게 단언했던 거야?"라며 당시의 나를 한 대 때려 주고 싶을 정도다.

언뜻 온화해 보이는 사람도, 얌전한 젊은이도 정치나 사상, 연애관 등 어느 한 측면에서는 "무조건 ~야."라고 자신의 생각을 고집하는 사람이 있다. 틀림없이 머릿속의 답안지에 이미 '○'를 쳐놓아서 되돌리지 못하는 것이리라. 스스로 '×' 또는 '△'임을 깨닫기 전까지는.

자기 확신이 강한 이유는 '신문에 그렇게 적혀 있었다.'라든가 '경험해 봐서 알아.' 등등 대개는 태클을 걸 부분이 가득한 빈약한 근거로부터 비롯된다. 그런 사람에게 "다르게 생각할 수도 있어."라며 이의를 제기하려 하면 "네가 잘 몰라서 그래."라는 격렬한 반론과 함께 의미 없는 싸움이 기다릴 뿐이다. 또 그런 사람에게 이의를 제기하면 자신을 부정하는 사람으로 적대시하며 더욱 완고해지기도 하기 때문에 굉장히 피곤하고 조심스럽다. 따라서 중요한 문제가 아니라면 "흐음, 그렇구나."라며 넘어가는 것이 최선이다.

확신이 심한 사람은 그렇게 믿고 싶으니까 믿는 것이다. 예를 들어 탄수화물 다이어트가 제일 효과적이라고 확신하는 사람은 그것에서 희망을 발견한 것이며, 남자는 반드시 바람을 피운다고 확신하는 사람은 그렇게 생각함으로써 스스로를 지키고 있는지도 모른다. 확신의 이면에는 감정적인 단정이 숨어 있다. '감정'을 '이론'으로 설득하려 한들 어려운 것이다.

😣 만약 당신이 자기 확신이 심한 사람이라면

나이를 먹으면 '확신'과 '유연함'의 차이가 확실히 드러난다. 확신이 심한 사람은 완고해져서 그냥 내버려두어도 별 탈이 없는데도 꼭 상대를 바로잡으려 한다. 한편 점점 유연해지는 사람은 다른 사람의 이야기에 귀를 기울인다. 그렇게 하면 귀한 정보를 얻을 수 있을 뿐만 아니라 주변에 사람도 모여든다.

그 차이는 '잠깐, 정말 그럴까?'라며 항상 자신이 내린 정답을 의심하는 생각을 가지고 있느냐 아니냐에 달려 있다. 본질을 보려고 하는 냉정하고 객관적이며 유연한 시점의 눈 말이다.

나는 ○라고 생각했는데 나중에야 ×(또는 △)였음을 깨달았던 부끄러운 경험을 여러 번 했기 때문에 '절대', '무조건'이라는 말을 쓰지 않기로 했다. 내게는 ○인 것이 다른 사람에게는 ×이거나 △인 경우도 있고, 애초에 정답이 없는지도 모른다. '절대'라는 말을 사용하지 않으려 하기만 해도 자기 확신이 심한 사람이 되는 사태는 막을 수 있을 것이다.

남을 험담하기
좋아하는 사람

10

"싫은 사람 때문에 내 귀중한 시간을 헛되게 보낼 수는 없잖아."

타인을 험담하다 보면 어느 정도 스트레스를 해소하는 데 도움이 되기도 한다. 예전에 전횡을 일삼는 상사 밑에서 일했을 때 점심시간이 되면 동료들과 "그 돼지, 정말 너무하지 않아?", "관리직들, 다 죽어 버렸으면 좋겠어." 같은 험담으로 이야기꽃을 피우는 습관이 있었다. 우리는 지독한 대우를 받고 있으니까 이 정도 험담은 해도 괜찮지 않느냐고 우리 스스로를 정당화하고는 했다.

　그러나 1시간뿐인 귀중한 점심시간을 그런 대화만으로 채우고 나면 가슴에 씁쓸함이 남았다. '아아, 책이라도 읽는 편이 나았을 텐데…….'라는 후회가 드는 것이다.

　험담은 직장뿐만 아니라 가족이나 친구 등 어떤 인간관계에서나 볼 수 있는데, 험담을 할 때는 모두가 '나는 정당해.', '상대가 잘못한 거야.'라고 생각한다. 질투나 열등감 등을 공감하는 사람이 있으면 집단 이기심에서 험담이 확산된다.

험담을 할 때는 마치 정의의 사도처럼 상대를 재단하려 하지만, 사실 그 정의라는 것도 매우 의심스럽다. 험담은 말하자면 '싸움에서 져서 도망친 개가 멀리서 짖어 대는 격'이다. 승산이 없는 상대에게 직접 말할 수 없으니까 몰래 짖으면서 스트레스를 푸는 것뿐이다. 현명한 사람이 험담에 가세하지 않는 이유는 부정적인 말에서는 긍정적인 현실이 찾아오지 않는다는 사실을 알기 때문이다. 여러분도 그 틈에 끼어드는 것 자체를 쓸데없다고 생각하고 험담에는 참여하지 않도록 하자.

🙁 만약 당신이 험담을 할 것 같을 때는

험담을 하거나 떠도는 소문에 대해서 이야기를 하는 동안 당신은 자신의 시간을 그 싫은 상대를 위해서 사용하고 있는 셈이 된다. 험담을 당하는 상대는 껄껄대며 기분 좋게 웃고 있을지도 모르는데 말이다.

'오늘이 내 인생의 마지막 날이라면?'이라고 생각해 보자. 그 귀중한 시간을 고작 험담이나 하면서 사용하겠는가? 최대한 즐거운 이야기를 하면서 보내자. 주위 사람들이 좋아할 만한 말을 하자고 생각하자.

험담을 줄줄 늘어놓는 것은 한가하다는 증거다. 삶의 목적을 갖고 즐겁게 산다면 다른 사람은 아무래도 상관없어질 것이다. 험담을 하느냐 하지 않느냐는 상대에게 악의를 품고 있느냐 아니냐, 그것을 표현하느냐 아니냐의 문제다. 요컨대 우리 자신의 문제인 것이다.

또한 험담을 듣더라도 '세상에 나를 좋아하는 사람만 있을 수는 없겠지.'라고 생각하면 그다지 신경 쓰이지 않게 된다. 좋은 시간을 보내고 싶다면 좋은 말을 입에 담자.

사소한 것에 지나치게
신경 쓰는 사람

11

⊡

"내가 지금 하고 있는 일의 본질이 뭐지?"

일본에는 '찬합의 구석을 이쑤시개로 찌른다.'라는 속담이 있다. 그다지 중요하지 않은 사소한 일을 들먹이며 잔소리를 한다는 뜻이다. 그런 사람이 주변에 있으면 굉장히 피곤해지는데, 이것은 일본의 많은 조직이 앓고 있는 병 가운데 하나다.

예를 들어, 상사에게 기획서를 가져가면 상사는 본래의 기획과는 그다지 상관이 없는 것들을 집요하게 찾아내서 지적하고는 다시 써 오라고 한다. 회의 시간에 계획을 설명하거나 보고를 할 때도 '그런 건 아무래도 상관없지 않아?'라는 생각이 드는 부분을 지적하고, 제대로 대답하지 못하면 더욱 집요하게 추궁해서 귀중한 시간을 낭비한다. 이처럼 찬합의 한가운데에 있는 음식은 보지 않고 구석에 있는 부스러기만 이쑤시개로 찔러 댄다. 사실은

함께 있으면 즐거운 사람, 함께 있으면 피곤한 사람

꼭 먹어 봐야 할 중요한 음식이 따로 있는데도 말이다.

외국인 회사에서 일했던 친구는 일본의 어느 대기업으로 파견을 나갔다가 이런 모습을 목격하고는 "이러니 노동 시간이 길어질 수밖에 없지."라며 어처구니없어했다. 완벽을 추구하며 아무래도 상관없는 부분에 시간과 에너지를 들이기 때문에 야근과 휴일 근무가 많아지고, 그러니 모두가 지칠 수밖에 없다는 것이다.

완벽해지려고 하고 사소한 것까지 신경 쓰는 편집증이 강한 사람이 주변에 있으면 굉장히 피곤하다. 회식을 할 때도, 선물을 할 때도, 집에 초대할 때도 행여 트집을 잡히지 않을까 신경 쓰게 된다. 상대의 페이스에 맞추기 위해 항상 조바심을 내게 된다. 그러나 말려들어서는 안 된다. 필요 이상으로 동요할 필요도 없다. 단순히 상대의 수법임을 파악하고 찬합의 한가운데에 있는 '가장 중요한 목적'에서 눈을 떼지 않도록 하자. 지적을 받았을 때는 "가르쳐 주셔서 고맙습니다. 그런데 이건 어떻습니까?"라며 찬합의 한가운데를 보도록 자연스럽게 유도하자.

☺ 만약 당신이 사소한 것에 지나치게 신경 쓰는 사람이라면

사소한 것에 지나치게 신경 쓰는 사람의 대부분은 완벽을 기함으로써 좋은 평가를 받아 온 사람들인데, 작은 것에 집착한 나머지 더 크고 중요한 것을 바라보지 못하는 경우가 많다. '진짜 목적은 무엇인가?', '최소한 해야 할 것은 무엇인가?'를 확인하는 습관을 들이면 해야 할 일이 한정된다. 하지 않아도 되는 것은 내버려두고, 그다지 중요하지 않은 것은 허들을 낮추자. 항상 '제일 중요한 것은 무엇인가?'라고 본질을 생각하는 습관을 들인다면 인생의 시간과 돈, 에너지를 모두 효과적으로 사용할 수 있을 것이다.

함께 있으면 즐거운 사람, 함께 있으면 피곤한 사람

지나치게
겸손한 사람

12

"뭐야? 해보니까 되잖아."

관리직으로 일하는 친구(여성)가 내 앞에서 푸념을 늘어놓았다.

"후배한테 새로운 업무를 맡기려고 하면 금방 '제 능력으로는 무리예요.', '저는 못할 거예요.'라고 한다니까? 그럴 때마다 허들을 낮추어 주고 열심히 칭찬해서 의욕을 높여 주느라 힘들어 죽겠어……."

이것은 직장에서만 일어나는 일이 아니다. 가족이 역할을 분담할 때든, 학부모회의 임원을 뽑을 때든, 아니면 다른 인간관계에서든 겸손함이 지나친 나머지 "제 능력으로는 무리입니다."라며 일단 사양하고 보는 사람이 주위에 얼마든지 있다. "무리입니다.", "못합니다."라고 말하는 사람의 본심은 정말로 능력이 없어서 못한다는 뜻이 아니라 '하고 싶지 않다.'는 뜻이다. 그걸 완곡하게 표현한 것이다. 이런 사람은 "너라면 할 수 있어."라고 말해 주어도 "나한테는 능력이 없어."라고 대꾸하거나, "해 보면 간단해."라고 말해도 "너는 그렇겠지만 난 아니야.", "할 수 있는 범위에서만 하면 돼."라고 해도 "틀림없이 문제만 일으킬 거야." 같은 변명만 늘어놓는다. 진짜 이유는 의욕이 없다, 여유가 없다, 실패하고 싶지 않다 등등 다양하겠지만, 요는 '하고 싶지 않기' 때문에 "내 능력으로는 무리야."라고 한계를 명시함으로써 안전한 장소에 있으려 하는 것이다. 나는 이것을 조금 비겁하다고 생각한다.

과거의 직장 동료 중에 입버릇처럼 "나는 할 줄 아는 게 없어서……", "나는 뭘 해도 안 돼."라고 말하는 사람이 있었다. 그런데 주위 사람들이 결국 짜증이 나서 "그렇게 부정적으로만 생각하면 안 돼."라며 조금은 강제로 일을 맡겼더니 나중에는 자신감이 생겨서 리더도 맡게 되었다. 무조건 자신은 무리라고 말하는 지나치게 겸손한 사람이 주위에 있다면 "이것만 부탁할게요."라고 조금은 강하게 밀어붙여도 좋을 것이다. 다만 이럴 때 상대는 불안감을 느끼므로 잘 지켜봐 주고, 만약 성공하면 함께 기뻐하거나 고마움을 표시하는 것이 중요하다.

☹ 만약 당신이 지나치게 겸손한 사람이라면

'내 능력으로는 무리'라고 단정하기 전에 가능한 범위의 대안을 제시하면 된다. "여기까지는 할 수 있습니다. 나머지는 도와주십시오.", "그 일정으로는 어려우니 며칠만 더 시간을 주십시오." 같

함께 있으면 즐거운 사람, 함께 있으면 피곤한 사람

은 대안을 제시한다면 설령 실패하더라도 '어쩔 수 없지.'라고 이해해 줄 것이다.

대안을 제시할 때의 포인트는 상대가 무엇을 원하는지 잘 들어 보는 것이다. 의외로 간단하게 목적을 실현할 수 있을지도 모른다. 남의 일로 여기지 말고 책임자 입장에서 생각할 필요가 있다. 적극적인 마음가짐만 있다면 방법은 얼마든지 있다.

'해 보니 되네?'라는 작은 성공 체험이 성취감을 부르고, 이것이 쌓이면 자신감이 붙는다. 그리고 이 자신감은 여러 가지 일에 도전할 때 토대가 되어 줄 것이다.

쉽게
토라지는 사람

13

"지금 대단한 문제를 겪고 있는 것처럼 행동하지만,

사실 넌 토라진 것뿐이야."

예전에 직장에 다닐 때 부학 직원 중 한 명이 있었는데 의견을 물어보면 "음, 그건 아니지 않나요?"라는 식으로 트집을 잡고는 했다. 그럴 때 이유를 물어보면 "왠지 그런 생각이 들어서요."라고 명확하게 대답을 하지 않았다. 후배들한테도 걸핏하면 트집을 잡았다. 그 직원 때문에 직장의 분위기도 항상 가라앉아 있었다.

그래서 하루는 고민 끝에 상사와 의논을 했다. 상사는 내게 이렇게 조언했다.

"그 친구의 이야기를 들어 주면 어떻겠나?"

사사건건 트집을 잡는 이유는 업무에 문제가 있어서가 아니라 평소에 어떤 불만이 쌓여 있기 때문이라는 것이었다. 상사의 조

함께 있으면 즐거운 사람, 함께 있으면 피곤한 사람

언대로 함께 식사할 기회를 만들어서 이야기를 들어 보았다.

"저만 인정받지 못하고 있다는 생각이 들어요."

인정받고 싶은 마음이 큰데, 현실이 그렇지 못하니까 마음이 토라져 있었던 것이다. 그러나 정작 본인은 자신의 감정을 자각하지 못한 채 사사건건 트집을 잡음으로써 가슴에 차오르는 불만을 풀고 있는 중이었다. 이후로 이따금 이야기를 들어 주기도 하고 칭찬도 해 주니 나아지기는 했지만, 그러다가도 어느 순간 다시 토라지기를 반복했다.

그렇다. 토라지는 것은 유치하고 손이 많이 가는 의사 표현 방식이다. 사실은 응석부리고 싶고 나를 이해해 주기를 바라고 친절하게 대해 주기를 바라지만 솔직하게 말하기가 부끄럽고 약한 소리를 하고 싶지 않으니까 토라진 것이리라. 이처럼 본인은 자각하지 못한 채 토라진 행동으로 주위를 혼란에 빠뜨리거나 짜증 나게 만드는 사람이 의외로 많다.

예를 들어 뾰로통한 표정을 짓거나, 아무 말도 하지 않거나, 문자를 받아도 답신을 하지 않거나, 사소한 일로 갑자기 화를 내는 것도 '토라진' 행위다. 연애 중에는 연인이 토라지는 것이 귀엽게 보일 수 있지만, 계속 휘둘리게 되면 점점 마음이 지쳐서 "뭐 하는 거야? 하고 싶은 말이 있으면 분명하게 해."라고 말하고 싶어진다. 그러나 그렇게 몰아붙인들 대화는 진전되지 않는다.

토라지는 사람이 있다면 '사랑을 원합니다.'라는 메시지라고 생각하고 이야기를 들어 주자. 다만 토라짐이 심할 경우는 아이와 마찬가지로 '이 이상은 받아 줄 수 없어.'라고 선을 긋는 것 또한 중요하다. 당황해서 자꾸만 맞추어 주면 점점 더 심해진다. 적당한 거리를 두거나 무시할 필요도 있다.

☹ 만약 당신이 쉽게 토라지는 사람이라면

"왜 토라진 거야?", "그렇구나. 그건 좀 서운하겠네."라고 나의 기분을 이해해 주는 사람이 있으면 어느 정도는 진정이 된다. 신뢰할 수 있는 사람에게 이야기를 들어 달라고 하거나 문제를 겪고 있는 상대와 커뮤니케이션을 해 보자. 그러면 해결될 때가 많다. 솔직해지는 것이 최선의 방법이다.

남과 자신을
비교하기 좋아하는 사람
14

"네가 나보다 잘난 건 알지만, 나도 나름대로 잘살고 있어."

하나부터 열까지 타인과 자신을 비교하면서 이야기하는 사람이 있다. 물론 상대하기가 상당히 부담스럽다. "○○ 씨는 좋겠네. 그에 비하면 나는……."과 같이 자기를 비하하는 식으로 이야기하면 "무슨 말이야? 네가 뭐가 어때서."라고 달래 주어야 한다. 또 "○○ 씨에 비하면 나는 정말 복 받은 거야."처럼 우월감에 사로잡힌 발언을 듣는 것도 썩 기분이 좋지 않다. 직업이나 수입, 학력, 가족, 소유물에 이르기까지 자신보다 위인가, 아래인가를 비교하며 서열을 정하려는 사람과 함께 있으면 나도 그 대상에 포함되어 있는 것 같아서 마음이 편하지 않다.

사람은 누구나 많든 적든 타인과 비교하려는 마음의 습관이 있다. 남의 떡이 더 커 보이며, '나의 위치를 확인하고 싶다.', '우위에 서고 싶다.'고 생각한다. 설령 무엇인가에 대해 우월감을 갖더라도 자신보다 더 우월한 사람이 나타나면 또다시 열등감에 빠진다. 이렇게 계속해서 비교를 하는 한 마음이 편해질 틈이 없을 것이다.

하나부터 열까지 전부 타인과 비교하면 그만큼 피곤하고 고민이 많아진다. 나도 그런 악순환에서 좀처럼 빠져나오지 못하던 시절이 있었다. 그러나 사람과 사람을 비교하는 잣대는 존재하지 않는다는 사실을 깨달은 뒤로는 타인과 나를 비교하며 일희일비하지 않게 되었다. 키나 나이, 출신 학교, 연봉 등을 비교할 수는 있지만, 그것은 한 가지 부분일 뿐 인간 자체를 평가하는 잣대가 될 수 없다. 가난하게 사는 사람들이 가족을 소중히 여기고 매일 함께 웃음꽃을 피우면서 식사를 하는 경우도 있고, 부자이지만 가족 간에 싸움이 끊이지 않아서 외로움과 스트레스를 안고 사는 경우도 있다. 일부만을 보고 '저 사람은 좋다/나쁘다.', '저 사람은 행복하다/불행하다.'라고 판정하기는 불가능하다. 타인과의 비교로 자신의 가치나 행복을 결정할 수는 없는 것이다.

만약 주위에 비교하기를 좋아하는 사람이 있다면 '그딴 비교는 의미가 없어.'라고 생각하며 신경 쓰지 않는 것이 좋다. 타인의 평가는 타인의 독단과 편견에 따른 결과물이기 때문이다.

☹ 만약 당신이 비교하기를 좋아하는 사람이라면
목표로 삼는 롤모델과 자신을 비교하며 '저 사람과 나는 무엇이

다를까?'를 고민하고 성장의 밑거름으로 삼으며 더욱 겸손해지는 등 자신의 인생에 플러스가 되는 비교라면 의미가 있다.

'이렇게 된다면 만족할 수 있어.'라는 자기 나름의 잣대를 가질 수 있다면 자연스럽게 다른 사람과 자신을 비교하는 일도 없어질 것이다.

쉽게
상처받는 사람

15

"그럴 수도 있지, 뭐."

"요즘 젊은 사람들은 너무 연약해. 조금만 꾸짖어도 금방 풀이 죽는다니까. 신주단지 모시듯이 대해야 하니, 정말 피곤해."

어르신들이 요즘 청년 세대에게 더러 하는 말이다. 그런데 사실 이런 말은 30년 전, 내가 청년일 때도 들었다. 고대 로마의 오래된 유적에도 비슷한 내용의 낙서가 적혀 있었다고 한다. 어르신 세대가 청년 세대를 보면서 이런 말을 하는 이유는 특별히 요즘 젊은이들이 나약해서가 아니다. 젊다는 것은 상처받기 쉽다는 뜻이다. 젊은이뿐만 아니라 사람은 누구나 자신감이 없고 겁이 많으며 타인의 말을 필요 이상으로 무겁게 받아들이고는 한다. 정도의 차이가 있을 뿐이다.

나이를 먹을 만큼 먹어도 혼이 나면 눈물이 맺히고 상대의 작

함께 있으면 즐거운 사람, 함께 있으면 피곤한 사람

은 언동에 상처를 받을 때가 있기 마련이다. 감수성이 예민한 사람이 쉽게 마음의 동요를 일으키는 것은 어느 정도 어쩔 수 없는 일일 것이다.

다만 같은 일이 일어나도 상처를 깊게 받는 사람과 그다지 상처를 받지 않는 사람이 있다. 이 말은 사람이 외부의 자극을 어떻게 받아들이는가에 따라 상처의 원인이 될 수도 있고 아닐 수도 있다는 뜻이다.

쉽게 상처받는 사람은 문제를 크고 복잡하게 만드는 경향이 있다. 이를테면 실수를 해서 혼이 났을 때 '실망을 시켰어.', '왜 나는 이렇게 실수가 많은 걸까?', '이 업무는 내 적성에 맞지 않는지도 몰라……' 등등 고민의 벡터가 여기저기로 뻗어 나간다. 한편 웬만한 일에 그다지 상처를 받지 않는 사람은 문제가 생긴 것을 당연하게 생각한다. 그리고 "그럼 실수한 부분은 다시 할게요.", "다음에는 실수하지 않도록 조심할게요."와 같이 일어난 문제에서 자신에게 필요한 부분만을 받아들인 다음 빠르게 기분을 전환하려 한다.

타인의 말을 필요 이상으로 무겁게 받아들여서는 안 된다. 최대한 단순하게 생각하자. 쉽게 상처받는 사람이 주위에 있다면 때때로 응원해 주면서 지켜보자. 감정적으로 상대를 몰아붙이지 말고 "~했으면 좋겠어."같이 단순하게 말하는 것도 그런 사람을 상대하는 비결이다.

☹ 만약 당신이 쉽게 상처받는 사람이라면

아무리 '상처받지 않도록 강해지자.', '상대에게 지면 안 돼.'라고 생각한들 강해지기란 매우 어렵다. 일단 마음의 상처를 받으면 자신밖에 생각하지 못하게 된다.

상처받을 것 같으면 즉시 전투를 중지하자. 나는 물론 상대에게도 상냥해지는 편이 상처가 더 깊어지는 것을 막는 방법이다. 친구를 위로하듯이 "울고 싶을 때는 울면 돼."라고 나 자신을 위로하거나 상대에 대해 '저 사람도 고민했을지 몰라.', '저렇게 표현할 수밖에 없는 사람일 뿐이야.'라고 생각하는 등 '강함'보다 '상냥함'으로 자신의 마음을 치유하자.

상대의 매정한 말은 상대의 책임이다. 받아들이지 말고 무시하는 습관을 들이자.

4

신경 쓰지 않으면
삶이 가벼워진다

마음의 갈림길에서 좋은 것만 선택하기

자신의 삶에 집중하는 사람과
함께 있으면 즐겁다
1

"일일이 신경 쓰면서 살 필요는 없잖아."

타인의 시선이나 사소한 것에 크게 신경을 쓰지 않는 사람은 살아가면서 적잖은 이익을 누린다고 할 수 있다. 이런 사람은 타인의 가시 돋친 한마디, 듣기 싫은 한마디에 신경 쓰지 않고, 인간관계의 트러블도 크게 개의치 않는다. 주위 사람들의 시선이나 나이, 처지 등에 대해서도 그다지 신경 쓰지 않는다. 신경이 쓰여서 못 견딜 것 같은 일이 일어나도 '신경 쓰지 않는 사람'과 함께 있으면 마음이 편안해지고 안심이 된다.

신경을 덜 쓰는 사람은 사고가 유연하고 행동에도 거리낌이 없어서 함께 있으면 흥분되고 즐거워지며, 어떤 일을 하다가 실패하더라도 동요하지 않고 앞으로 나아가기에 신뢰할 수 있다. 앞서 밝힌 대로 이런 사람들은 그 밖에도 다음과 같은 이익을 누리

함께 있으면 즐거운 사람, 함께 있으면 피곤한 사람

면서 살고 있다.

① 이것저것 신경 쓰지 않으므로 스트레스가 적고 좋은 기분으로 살 수 있다.
② 주위의 잡음에 신경 쓰지 않고 자신이 하고 싶은 일을 마음껏 한다.
③ 좋아하는 일에 열정적으로 도전할 수 있으며, 성공할 가능성도 크다.
④ 자신의 자유뿐만 아니라 타인의 자유로운 발언도 인정하며 지나치게 간섭하거나 의존하지 않는다.
⑤ 자신이 원하는 사람, 마음이 맞는 사람이 잘 모여든다.

사실 '신경 쓰지 않는 사람'은 아무것도 신경을 쓰지 않는 사람이 아니다. 하루하루를 소중히 여기고 자신의 즐거운 인생을 걸어가는 데 방해가 되는 것이나 불필요한 것을 현명하게 버릴 줄 안다. 신경을 쓰고, 쓰지 않는 것은 마음의 습관 같은 것이어서 신경을 쓰지 않으려고 의식적으로 노력하면 그렇게 될 수 있다.

이번 챕터에서는 '신경 쓰지 않는 사람'의 마음과 행동의 습관에 관해 이야기하려 한다. 처음에는 의식적으로 실천해 보기 바란다. 그러다 보면 오래지 않아 "뭐야? 해보니까 되네."라는 쾌감을 맛보게 될 것이다. 그때 여러분은 '나'를 가두고 있던 많은 것으로부터 풀려나 '나다움'을 되찾을 것이다. 그리고 다른 사람을 상대할 때도 이것저것 신경 쓰기보다는 신경을 덜 쓰는 편이 편하고 즐겁다는 사실을 실감하게 될 것이다.

154   함께 있으면 즐거운 사람, 함께 있으면 피곤한 사람

신경 쓰지 않는
연습을 하자

2

"헤헤, 별 수 없잖아."

"그런 것까지 신경 쓰면 너도, 주변 사람들도 즐거워질 수 없어."

자기 자신에게 이렇게 말해도 도저히 신경이 쓰여서 견딜 수
없을 때가 있다. 하지만 무엇인가에 마음이 사로잡힌 상태를 억
지로 부정할 필요는 없지 않을까? 여기에서는 자연히 신경을 쓰
지 않게 되기 위한 '신경 끄기 연습'을 소개한다.

예전에 나는 믿었던 친구에게 배신을 당해 큰 상처를 받았던
적이 있다. 신경 쓰지 않으려 해도 기억이 떠오를 때마다 눈물이
흘러내렸다. 상대와 나를 책망하는 나날이 계속된 나머지 인간을
불신하게 되었을 정도였는데, 그때 다음의 세 가지 말을 나 자신
에게 상냥하게 들려줌으로써 신경 쓰이는 일로부터 조금씩 졸업
할 수 있게 되었다.

① "신경을 쓰고 있구나. 하지만 괜찮아."

'나는 신경을 쓰고 있다.'고 인정하기만 해도 조금은 마음이 후련해진다. '신경 쓰는 문제가 있지만 그것은 자연스러운 일이야.'라고 나 자신의 솔직한 기분을 이해해 주는 것이다. 그런 다음 "하지만 괜찮아."라고 말해 준다. "신경 쓰지 마."나 "정신 차려."가 아니라 "괜찮아."라고 말하면 언젠가 시간이 해결해 줄 것 같은 기분이 든다.

② "애초에 왜 신경을 쓰는 거니?"

다음에는 신경이 쓰이는 이유를 생각해 본다. 그러면 '배신을 당해서 슬프다.' 같은 기분이 해결되지 않은 채 남아 있음을 깨닫게 된다. 그리고 이유를 알면 '잘된 것이나 배운 것도 있었으니 그나마 다행이야.' 등 자연스럽게 해결책을 찾아 나간다.

　누구나 신경을 쓰지 않을 수 없는 것으로 '타인의 눈'이 있다. 가령 직장에서 실수를 해서 다른 사람들에게 피해를 준 일이 신경 쓰일 때는 "솔직히 일 잘하는 사람으로 인정받고 싶었어. 하지만 부족한 부분도 있으니 실수하는 건 어쩔 수 없는 거야."라고 나에게 말해 주자. 누군가가 뒤에서 나에 대한 험담을 하고 다니는 것 같아 신경이 쓰일 때는 "역시 모두가 나를 좋아하는 건 아니구나. 생각해 보면 당연한 일이지."라고 말해 준다. 신경이 쓰이는 이유를 인정하고 나 자신을 나의 가장 가까운 친구라고 생각하며 조언을 해 주면 된다.

③ "주위 사람들(또는 상대)은 너를 그렇게 신경 쓰지 않아."

마지막으로 들려줄 말은 이거다. "주위 사람들은 너를 그렇게 신경 쓰지 않아." 24시간 내내 타인에 대해 생각하는 사람은 없다. 우리는 나 자신이 제멋대로 망상한 것을 신경 쓰고 있을 뿐이다.

신경 쓰이는 것과 그 이유를 종이에 적어 보는 것도 한 가지 방법이다. 그런 '연습'을 거듭하면 신경 쓰이는 일 자체가 줄어들 것이다.

분노의 감정을
선택하지 않는다

3

"뭐, 그럴 때도 있는 거지."

내 안에서 자라나는 분노를 신경 쓰지 않기란 대단히 어려운 일이다. 그러나 분노의 근원을 신경 쓰지 않을 수는 있다.

대부분의 사람이 어떤 사람에게 분노를 느낄 때 '나는 정당해.', '상대가 잘못한 거야.'라고 생각한다. 그리고 짜증과 화가 치밀어 오른다. 이렇게 스트레스가 쌓이면 작은 일이나 평소에는 화를 내지 않던 일에도 폭발하기 쉬운 상태가 되고 만다.

대부분의 사람이 '아이는 이러해야 해.', '후배는 이러해야 해.', '부모는 이러해야 해.' 같은 믿음을 무의식적으로 지니고 있으며, 그 믿음의 틀을 벗어나는 사람이 있으면 "말도 안 돼!"라며 분노와 불안감을 느낀다. 그러나 사실은 '나의 정의'가 의심스러운 것일지도 모른다. 진실은 일어나고 있는 일 속에 있다. 그리고 나의 정의가 절대적인 것이 아님을 알면 화도 별로 나지 않게 된다.

아이가 말을 듣지 않는 것도, 후배가 실수를 하는 것도, 나이 드신 부모님이 매사에 잔소리를 하시는 것도 당연하다면 당연한 일이다. 먼저 지금까지 '어떻게 그럴 수가 있지?'라고 생각했던 것에 대해 "그럴 수도 있지."라고 중얼거려 보자. 레스토랑에서 요리가 늦게 나왔을 때, 상사가 무리한 요구를 할 때, 남편이 협조적으로 나오지 않을 때 "그럴 수도 있지."라고 중얼거리며 현실을 받아들이면 어떤 사정으로 그렇게 되었는지 이해할 수 있게 된다. 상대에 대해 화를 내지 않고 상냥하게 대할 수도 있게 된다. 다음에 생각할 것은 '그렇다면 어떻게 할까?'다. 그러면 자신의 분노를 누그러뜨리고 신경 쓰지 않으면서 앞으로 나아갈 수 있게 된다.

나의 감정은 내가 선택하는 것이며 내 책임이다. 이 점을 확실히 알아 두기 바란다. 짜증을 잘 내거나 화를 내는 사람과 함께 있는 걸 좋아하는 사람은 없다. 반면에 "뭐, 그럴 때도 있는 거지."라고 말할 수 있는 유연한 사람과는 안심하고 함께 있을 수 있다.

생각대로 일이 진행되지 않는 것도, 타인과 의견 충돌을 일으키는 것도 당연한 일이다. 그런 일에 일일이 화를 내면 상처받는 사람은 상대가 아니라 결국 나 자신임을 기억하자.

위기의 순간에 상황을 반전시키는
태도의 기술

4

"뭐, 어쩔 수 없지."

일일이 신경 쓰지 않게 되는 마법의 주문을 가르쳐 주겠다.

연인이 데이트에 늦거나 흘려 넘길 수 없는 실언을 하는 등 작은 일이 계기가 되어서 모처럼의 데이트가 험악해지는 경험을 해 보았을 것이다.

"너, 요전에도 약속에 늦었잖아."

"너무 제멋대로 아니야?"

이럴 때면 과거의 일까지 끄집어내서 공격하고 결국 말싸움으로 발전한다. 다투는 과정에서 점점 더 화가 치밀어 오른다.

그러나 과거에 얽매여서는 현재도 미래도 잃고 만다. 그리고 상대를 용서하지 못하는 동안 줄곧 그 사람에게 지배당한 상태가 된다. 중요한 것은 그 다음에 어떤 태도를 보일 것인가이다. 그 태도에 따라 상황이 해피엔딩이 될 수도 있고 비극으로 끝날 수도 있다. 가장 바람직한 태도는 어떤 것일까?

"뭐, 어쩔 수 없지. 그보다는 맛있는 거라도 먹으러 가자. 지각한 벌로 네가 사는 거다."

이런 식으로 웃으면서 말해 준다면 상대도 마음이 편해질 것이고 나의 기분도 바뀌어서 즐거운 시간을 보낼 수 있을 것이다.

상대를 위해서 용서하는 것이 아니라, 나를 위해서 "뭐, 어쩔 수 없지."라는 말로 편해지는 것이다. "뭐, 어쩔 수 없지."는 자포자기 같으면서도 기운을 내게 해 주는 신기한 말이다. 마음에 들지 않는 점이 있지만 받아들이고 앞으로 나아가겠다는 의지가 담겨 있다. 상대가 잘못했을 때만 아니라 내가 잘못했을 때도 아낌없이 사용하기 바란다.

사실 나에게 가장 심술궂은 존재는 바로 나 자신이다. "그런 실수를 저지르다니 믿을 수 없어.", "난 정말 무능해."라며 어제 또는 오늘 저지른 잘못을 자책하는 데서 그치지 않고 오래전에 저지른 잘못까지 끄집어내서는 '왜 그때는…….'이라며 자기혐오에 빠지기도 한다. 이제는 아무도 그 일을 기억하지 않고 누구도 책망하지 않는데도 말이다. 그럴 때도 마법의 말인 "뭐, 어쩔 수 없지."를 중얼거리자.

이미 저지른 잘못에 연연한들 정신력만 소모될 뿐이다. 지나간 일보다는 앞으로의 일이 더 중요하다.

"실패했지만 뭐 어쩔 수 없지. 처음부터 다시 시작하자."

"상사에게 혼이 났지만 뭐 어쩔 수 없지. 그래도 공부는 됐어."

이런 식으로 가볍게 "뭐, 어쩔 수 없지."라고 말할 수 있다면 나는 물론 주위 사람들도 어깨의 짐을 내려놓을 수 있다.

인생에 심각한 영향을 주는 일은 그리 많지 않다. 대부분의 일들이 '뭐, 어쩔 수 없지.'라고 생각하고 잊어버려도 되는 것들이다. 언제까지나 용서하지 못하고 연연하면 귀중한 시간을 낭비할 뿐만 아니라 인생까지 낭비하게 된다.

함께 있으면 즐거운 사람, 함께 있으면 피곤한 사람

타인의 평가는 받아들이지 말고
흘러보내자

5

"왜 그렇게 다른 사람의 시선을 의식하고 살았는지……."

매사에 신경을 덜 쓰는 사람은 타인의 평가에 휩쓸리지 않는다.

20대 시절의 나는 항상 '이렇게 열심히 일하고 회사에서도 그럭저럭 성과를 내고 있는데 나를 조금은 더 높게 평가해 줘도 되는 거 아냐?'라는 불만 속에서 살았다. 그런데 어느 날 이런 생각이 대단히 위험하다는 사실을 깨달았다.

타인에게 인정받으면 기뻐하고 인정받지 못하면 우울해지기를 반복하면 항상 불만과 불안감 속에서 살아야 하며, 그 결과 마음이 점점 병들어 간다. 자신이 하고 싶은 일과도 점점 멀어지게 된다.

'앞으로는 남들이 나를 어떻게 평가하든 상관하지 않겠어. 내가 하고 싶은 일, 하고 있는 일을 즐기자.'

이렇게 결심한 뒤로 업무와 인간관계 모두 신기할 만큼 순조로워졌고 평가도 높아졌다. 하고 싶은 일에 열중하자 자연스럽게 힘이 솟아났고 여러 가지 면에서 성장할 수 있었다. 그동안 누가 뭐라고 말하지도 않았는데 스스로 나 자신을 괴롭히고 있었음을 깨달았다.

타인의 평가는 타인의 잣대로 판단하는 것이기에 내 의도대로 되지 않는다. 가령 나는 최선을 다했다고 만족하고 있는데 주위 사람들에게 전혀 좋은 평가를 받지 못할 때가 있는가 하면, 반대로 생각지도 못하게 높은 평가를 받는 경우도 있다. 칭찬을 받았다고 해서 자신이 대단해진 것처럼 생각할 필요도 없고, 비판을 받았다고 해서 실망할 필요도 없다. 타인의 평가를 일일이 받아들이지 말고 흘려보내자.

물론 말은 이렇게 해도 타인의 평가를 신경 쓰지 않기란 상당히 어려운 일이다. 우리가 세상을 살아가는 이상 어떤 식으로든 평가가 따라오게 되어 있으며, 그러한 평가가 중요한 점을 깨닫게 해 주는 것도 사실이다. 그러나 우선해야 할 것은 자신의 길을 나아가는 일이다. 타인의 평가를 길잡이로 삼으면 본래의 길을 알 수 없게 되어 방황하거나 좌절할 수 있다.

평가는 뒤따라오는 것이다. 그를 통해 얻을 수 있는 것이 있을 때는 자신의 내부에 수용하면 되고, 그렇지 않을 때는 '다른 사람들은 그렇게 생각하는구나.'라며 흘려보내면 된다. 정말 신경 써야 할 것은 타인의 눈이 아니라 내가 하고 싶은 일을 충분히 하고 있지 못하는 상황이다. 내가 만족스러운 삶을 살면 자연스럽게 주위 사람들에게도 친절해질 수 있으며, 그 결과 함께 있으면 즐겁다고 생각하는 사람들이 모여들게 된다.

작은 일에
동요하지 않는 사람

6

"어떻게든 되겠지, 뭐."

많은 사람들이 머리를 조금만 식히고 나면 아무렇지도 않은 일을 가지고 한순간을 참지 못해 소란을 피우고는 한다. 이렇게 직장에서의 작은 실수나 갈등, 인간관계에서 오는 사소한 문제 등에 일일이 과민하게 반응하면 자신뿐만 아니라 주위 사람들도 상당히 피곤해진다. 누구나 소란을 피우는 사람보다는 "괜찮아. 어떻게든 되겠지."라며 동요하지 않고 냉정하게 대처하는 사람과 함께하고 싶어 한다. 그런 사람은 믿음직스럽다.

웬만한 일에 동요하지 않는 사람은 현재의 상황을 냉정하게 파악하고 대처할 수 있기 때문에 그럴 수 있는 것이다. 비유하자면 오랜 세월을 우뚝 서 있는 나무가 폭풍이 불든 지진이 오든 그것을 받아들이면서 담담하게 가지를 뻗고 꽃을 피우는 느낌이라고 나 할까?

어떤 일에든 크게 동요하지 않기란 힘든 일이지만, 여러 가지 상황을 받아들일 수 있도록 마음의 그릇을 키우는 것은 가능하다. 그릇이 크면 작은 일에 소란을 피우는 일도 없어진다. 이를 위해 마음이 흔들릴 때 이런 식으로 생각해 보면 어떨까?

① 지금까지의 경험이나 상상을 바탕으로 '어떻게든 될 거야.'
경험이 많은 사람, 혹독한 경험을 해 본 사람은 어지간한 일에는 당황하지 않는다. 그동안 축적한 경험을 바탕으로 '어떻게든 될 거야.', '지금까지 극복해 왔으니 이번에도 괜찮을 거야.'라고 생각하기 때문이다. 만약 그런 경험이 없다면 나쁜 결과를 상상하지 말고 '어떻게든 되는' 과정을 상상해 보는 것도 좋다. 자신이 지금 무엇을 해야 할지가 보일 것이다.

② 각오를 굳히고 '될 대로 되겠지.'
세상일은 자신의 뜻대로 진행되지 않는다. '될 대로 되겠지.'라고 생각하며 어떤 결과든 받아들이자고 각오하면 긴장이 풀린다. 그런 다음 '그래도 내가 할 수 있는 일은 해 놓자.'라며 자신이 해야 할 일을 실행하는 것이다.

③ 작은 문제라고 생각하고 '이 정도라면 괜찮아.'
나는 무엇인가 문제가 일어나면 "목숨이 걸린 정도의 문제는 아

니잖아."라든가 "이 정도라서 다행이네."라고 중얼거린다. 조금 비겁한 생각인지도 모르지만, 가급적 작은 문제로 생각해 버리면 냉정해져서 눈앞의 일에 집중할 수 있기 때문이다.

①~③ 중에서 어떤 방법이 효과적인지는 사람마다 다르다. 요컨대 걱정이나 후회, 불만 등 불필요한 감정을 최소한으로 억제하고 '지금 할 수 있는 일에 집중하는' 것이다. 이렇게 마음을 진정시키는 습관을 반복할수록 여러분은 어지간한 일에는 '동요하지 않는 사람'이 되어 갈 것이다.

적당히 해야만
오래 계속할 수 있다

7

"자, 여기까지! 할 만큼 했어."

매사에 크게 신경을 쓰지 않는 사람은 '적당히' 하는 사람이기도 하다.

오래전에 '5시부터 사내(남자)'라는 광고가 히트한 적이 있었다. '적당히'를 콘셉트로 삼는 다카다 준지(高田純次)라는 코미디언 겸 배우가 업무 중에는 의욕이 없다가도 퇴근 시간인 5시부터 갑자기 기운을 되찾아서는 신나게 노는 회사원을 연기했는데, 배우의 이미지와 배역이 절묘하게 맞아떨어져서 참으로 매력적으로 보였다.

남녀 불문하고 나이도 상관없이 직장과 가정만 아는 것이 아니라 적당히 놀 줄 알고 취미에 열중하는 사람과 함께 있으면 즐겁다. '적당히'라는 말이 좋지 않은 의미로 다가오겠지만, 일할 때든 놀 때든 적당히 여유를 가지면 유머를 챙길 수 있고 다른 사람의 이야기에도 귀 기울일 수 있다. 특히 육아와 직장생활을 같이 해야 하는 사람은 적당히 하지 않으면 몸이 버텨 내지 못한다. '적당히'의 중요성을 알아야 웃는 얼굴로 계속할 수 있다.

우리는 직장이나 가정에서 항상 진지하고 최선을 다할 것을 요구받는다. 이렇게 너무 진지하면 자신을 몰아붙이게 된다. 지나치게 자신을 채찍질한 나머지 마음이 병들기도 한다. 그러면서 정작 중요한 것은 눈에 보이지 않게 된다. 우리의 인생은 우리가 진지하게 살기보다는 즐겁게 살기를 원하지 않을까? 그러니 나에 대해서는 70점 정도를 합격선으로 삼으면 어떨까?

적당히 사는 사람은 매사를 복잡하게 만들지 않고 단순하게, 낙관적으로 생각한다. 작은 일에 현혹되지 않고 본질을 아는 사람이기도 하다. 그래서 직장에서도 "그거야 간단하지."라며 남들이 하기 싫어하는 일을 맡거나 "어떻게든 되겠지."라며 대담한 제안을 한다. 결과적으로 적당히 하는 사람이 업무든 인간관계든 오래 지속하기 마련이다.

직장이나 가정 이외의 커뮤니티를 갖는 것도 중요하다. 그런 장소가 생기면 자신이 얼마나 좁은 세상에서 고민하고 있었는지 알게 되며, 의외로 깔끔하게 포기할 수도 있게 된다. 자신이 있을 곳은 그곳뿐이라고 믿었기에 좁은 인간관계에 연연했던 것이다.

고민하게 될 것 같으면 "적당히"를 중얼거리자. 좋은 의미에서 적당히 할 것을 의식하면 주위 사람들도 마음이 편해진다.

함께 있으면 즐거운 사람, 함께 있으면 피곤한 사람

타인에 대한
배려도 적당히

8

"사람 대하는 게 왜 이렇게 피곤하지?"

다른 사람의 집을 방문했는데, 그 집 가족이 손님인 나를 크게 신경 쓰지 않으면 다음에 또 오고 싶다는 생각이 든다. 실제로 얼마 전에 일주일 정도 홈스테이를 했는데, 그 집은 거실에 아이들이 벗어 던진 옷가지들이 널브러져 있고 부인은 청소도 대충대충 했다. 나는 평소와 같이 가족의 저녁 식사에 끼어서 함께 밥을 먹었고, 배가 고프면 멋대로 차를 내려서는 냉장고에서 음식을 꺼내 먹었다. 그 집 주인들이 손님인 나를 방치하는 것이 오히려 마음 편했고, 가족 모두와 친해져서 좀 더 있고 싶다는 생각이 들었다.

　반대로 이것저것 신경을 써 주는 집은 고맙기는 하지만 조금 부담스럽다. 손님맞이를 하느라 힘들었겠다는 생각이 들어서 마음도 편치 않다.

동료나 친구도 마찬가지다. 서로 크게 신경 쓰지 않고 만날 수 있으며 속마음을 터놓고 이야기할 수 있는 사람들이 편하고 관계도 오래간다. 그런데 그런 사람들 대부분이 선천적으로 신경을 안 쓰는 성격을 타고난 것이 아니라 상대가 신경을 쓰지 않도록 그쪽에서 먼저 의도적으로 신경을 덜 쓰려는 노력을 하고 있다는 사실을 깨달았다. 상대를 의식하고 신경을 쓰면 자신도 피곤해지지만, '나를 신경 써 주고 있구나.'라고 느낀 사람 역시 신경을 쓰게 된다. 인간관계에서는 지나치게 신경을 쓰지 않는 것이 매우 중요하며, 서로가 긴장을 풀고 좋은 거리감을 유지할 수 있는 방법임을 깨달았다.

그러나 지나치게 남을 신경 쓰느라 녹초가 되는 사람도 있고, 그러다가 인간관계 자체가 귀찮아진 사람도 있다. 사람을 대하면서 피곤해지는 이유는 '상대를 기쁘게 하고 싶어서', '상대로부터 두려움을 느껴서' 등 다양하겠지만, 대부분은 나를 잘 보이고 싶고 좋은 인상을 주고 싶어서 그렇게 되고 만다. 즉 자신답지 않게 스스로에게 요구한 결과 피곤해지거나 괴로워지는 것이다. 신경을 너무 써서 괴롭다고 느껴진다면 그것은 '이제 그만!'이라는 신호다. 브레이크를 밟고 잠시 멈추어 서서 사람을 대하는 방식이나 인간관계를 다시 검토해 보자.

나를 있는 그대로 드러내도 괜찮다. 나답게 행동할 수 있게 되면 인간관계는 자연히 좋은 방향으로 흘러간다. 그렇게 지내다 보면 틀림없이 왜 지금껏 그렇게 신경을 쓰면서 살아왔던 걸까,

함께 있으면 즐거운 사람, 함께 있으면 피곤한 사람

하는 생각이 들 것이다. 만약 어떤 사람을 만나는데 어깨의 힘을 뺄 수 없다면, 거리를 두면서 사귀어야 할 사람인지도 모른다.

어쨌든 내가 편한 것이 최고다. 웃는 얼굴로 즐겁고 편하게 만날 수 있는 관계를 만들어 가자.

은혜를 베풀었을 때는
깨끗이 잊어버리자

9

"아냐. 너를 도울 수 있어서 오히려 내가 행복했어."

타이완에서 살았을 때, 나는 주위 사람들의 '무보장 친절'에 항상 감동을 받았다. '무보장 친절'이란 내가 만든 말로, 보장형 보험이나 저금처럼 나중에 돌려받기를 전혀 기대하지 않고 무조건 베푸는 친절을 말한다. 곤란할 때 도움의 손길을 내미는 사람, 그때그때 필요한 것을 제공해 주는 사람, 언제라도 잠자리를 내어 주는 사람……. 그들은 아낌없이 친절을 베풀면서 "내가 너한테 ~을 해 주었지."라고 생색내는 사람이 단 한 명도 없었다. 동일본 대지진이 일어났을 때 타이완 국민들은 개인 단위로는 세계에서 가장 많은 돈을 후원했지만, "일본은 감사할 줄 몰라."라고 말하는 사람도 없었다. 타이완 사람들은 왜 이렇게 항상 'GIVE & GIVE'일 뿐 보답을 요구하지 않을까? 그것은 상대가 기뻐해 주면 나 역시 기쁘고, 타인에게 무언가를 해 줄 수 있는 나 자신이 자랑스럽다는 식으로 친절의 순환 구조를 완결시키기 때문이 아닌가 싶다.

반면에 타이완 사람들은 다른 사람에게서 받은 은혜는 절대로 잊지 않는다. 내가 설날에 선물한 소액의 세뱃돈 봉투를 몇 년씩 보물 상자에 보관하는 아이가 있었고, 지방에 갔을 때는 "예전에 일본인한테 도움을 받은 적이 있어서……."라며 이미 한참 지난 과거의 은혜를 갚겠다며 식사를 대접해 주는 사람을 만나기도 했다. 말 그대로 '베푼 은혜는 물에 흘려보내고 받은 은혜는 바위에 새기는' 감사의 마음으로 삶을 살아가는 것이다. 이런 마음으로 산다면 자신은 물론이고 주위 사람들도 행복해질 것이라는 생각이 들었다.

그러나 인성은 대단히 취약한 것이어서 일부러 의식하지 않으면 대부분의 사람은 '베푼 은혜는 바위에 새기고 받은 은혜는 물에 흘려보내는' 삶을 살게 된다. "내가 그렇게 도와주었는데 나한테 해 주는 게 하나도 없어?"라거나 "밥을 사 주었는데 고맙다는 말도 안 하네."같이 자신이 한 행위에 집착하는 것은 베푼 은혜를 바위에 새기는 것에 다름 아니다. 마음가짐이 이렇다면 친절을 베푼답시고 보인 호의가 오히려 원망이 되어서 마음의 상처를 입을 수도 있다. 이래서는 친절을 베푸는 것이 곧 불행의 씨앗을 뿌리는 행위가 된다. 평소에 "내가 ~를 해 줬는데……."라고 생색을 내고 다니면 주위 사람들은 결과가 좋지 않을 거라는 위험성을 감지하고 가까이 다가가려 하지 않을 것이고, 가까이 있던 사람도 하나둘 떨어져 나갈 것이다.

어떻게 해야 마음이 편해질까? 친절을 베풀 때 '내가 하고 싶어서 하는 것일 뿐, 내가 베푼 친절을 깨끗이 잊어버린다.'는 점을 의식해야 한다. 나중에 '~를 해 줬는데…….'라며 서운해할 거라면 친절을 베풀지 않는 편이 정신 건강에 이롭다. 그리고 다른 사람에게서 받은 은혜에는 최대한의 감사를 표시하자.

다른 사람을 위해 무엇인가를 할 수 있다는 것은 최고의 행복에 속한다. 내 기분이 좋아졌으니 만족한다는 마음가짐이라면 얼마든지 부담 없이 은혜를 베풀 수 있고 또 부담 없이 은혜를 받아들일 수 있다. 그리고 사람들도 자연스럽게 모여들 것이다.

타인의 '악의'는
받아들이지 않는다

10

"충고, 감사합니다."

내 친구 중 한 명이 중학생 때 따돌림을 당했다고 털어놓았다. 그런데 정작 그 친구는 자신이 따돌림을 당했는지 전혀 깨닫지 못하다가 20년이 지난 뒤에야 당시의 급우에게서 이야기를 듣고 알게 되었다고 한다.

"깜짝 놀랐다니까. 생각해 보면 실내화가 없어지거나 공책에 누가 낙서를 한 적이 있긴 있었어. 난 그저 누가 장난을 치나 보다 생각했지 설마 그게 '집단 따돌림'일 거라고는 생각도 못했어. 오히려 남자아이들한테 인기가 많았던 즐거운 시절로 기억하고 있는데 말이야."

그 친구 말대로 남자아이들에게 인기가 많았던 것이 다른 여자아이들의 질투를 샀는지도 모르지만, 이유야 어쨌든 나는 그 친구가 굉장히 행복한 사람이라는 생각이 들었다. 주위의 악의를 전혀 깨닫지 못했기에 상처를 받지도 않았고, 그래서 남을 미워하지 않은 채 좋은 기억만 남겼으니 말이다.

다른 사람에게서 조금 안 좋은 소리를 들으면 과민하게 반응하고 고민하느라 끙끙 앓고는 한다. '내가 뭘 잘못한 거지?', '나를 싫어하는 건가?'라는 생각이 머릿속에서 떠나지 않는다. 하지만 개의치 말자. 진심으로 나를 위해 충고를 해 준 것이라면 몰라도 그게 아니라면 그런 말을 한 사람에게 문제가 있는 경우가 대부분이다. 그러므로 남에게 상처를 주는 악의는 눈치 못 챈 셈 치고 지나치면 된다. 악의를 진심으로 받아들이지 않으면 쓸데없이 상처받을 일도 없다. 아예 무시하라는 말이 아니다. 듣는 척하되 진심으로 받아들일 필요는 없다는 뜻이다. 의미 없는 악담이나 푸념, 불만, 불평도 마찬가지다.

누군가가 나에게 하는 이야기 속에는 귀담아 들어서 다음의 업무나 나의 성장을 위해 활용하자는 생각이 드는 부분과 지나쳐도 되는 부분이 섞여 있다. 도움이 되는 말과 악의가 담긴 말이 한데 뒤엉켜서 날아온다. 가령 회사의 선배가 "넌 일하는 속도가 너무 느려. 네 전임자였던 ○○ 씨는 참 빨랐는데."라고 말했다고 가정하자. 여기에서 '일하는 속도가 너무 느려'는 겸허하게 받아들여도 되지만, '네 전임자는 빨랐는데'는 상처를 주려는 악담이다. 그러나 어쩌면 그렇게 말한 사람도 '나도 모르게 쓸데없는 말을 했네.'라며 후회하고 있을지도 모르니, 내 쪽에서 과민하게 반응해

　　　함께 있으면 즐거운 사람, 함께 있으면 피곤한 사람

서 맞받아치면 상황이 꼬이고 만다. 나에게 필요한 부분만 받아들이면서 대화하면 되는 것이다.

함께 있으면 즐겁고 마음이 편해지는 인간관계를 만들고 싶다면 나부터 먼저 타인에 대해 악의를 갖지 말아야 한다. 그리고 이를 위해서는 악의가 담긴 말은 받아들이지도 말고 사용하지도 말아야 한다. 말에는 힘이 깃들어 있어서 우리의 몸과 마음에 적지 않은 영향을 끼친다. 내가 내뱉는 말은 물론이고 타인에게서 받아들일 말도 의식적으로 고르기 바란다.

그렇게 하겠다고 결정해 버리면
편해진다

11

"그래, 앞으로 다시는 과거의 일로 후회하지 않겠다고 결정하겠어."

마인드풀니스(mindfulness, 명상, 마음 챙김)란 지금 이 순간의 나에게 집중하고 주의를 기울이며 평소의 사고방식이나 감정으로부터 단절되는 마음 수련법이다. 스트레스 대처법으로 주목받고 있는데, 그 방법 중 하나인 명상을 나도 이따금 실천하고 있다.

명상 방법은 지극히 단순하다. 눈을 감고 자연스럽게 숨을 깊이 들이마셨다가 길게 내쉬며 몸이 부풀고 쪼그라드는 움직임에 의식을 집중한다. 명상을 하다 보면 잡생각이 떠오른다. '일을 아직 못 끝냈는데.', 'ㅇㅇ 씨에게 연락해야 하는데.' 따위 일상의 자잘한 숙제들이 명상에 훼방을 놓는다. 이때 그 잡념들을 쫓아내는 것이 아니라 '지금, 이곳'에 찾아온 방문자로 맞이하고 다시 호흡에 의식을 집중한다.

함께 있으면 즐거운 사람, 함께 있으면 피곤한 사람

명상의 효과 덕분인지 나는 생활 속의 한 가지 한 가지에 집중하고, 냉정하게 대처하는 것을 의식하게 되었다. 보통은 자유롭게 여러 가지를 상상하지만, 일을 할 때나 무엇인가를 즐길 때 쓸데없는 생각이나 감정으로 마음이 흐트러질 것 같으면 '지금은 그것에 신경 쓰지 않아.'라며 다시 눈앞의 일에 의식을 되돌린다.

현대의 생활은 정보와 과제로 넘쳐나고 있다. 그런 것들에 사로잡히면 '지금, 이곳'에서 하고 있는 일에 집중하지 못하며, 함께 있는 사람에게도 영향을 끼친다. 예를 들어 친구나 연인과 함께 식사를 하고 있을 때 상대가 일 생각을 하느라 정신이 다른 곳에 가 있거나 주기적으로 스마트폰을 들여다보면 흥이 깨지고 만다. "지금 꼭 다른 것에 마음을 빼앗겨야겠어?"라고 따지고 싶어진다. '지금, 이곳'에서 중요한 일은 함께 식사를 하고 대화를 진심으로 즐기는 것이기 때문이다.

미래에 대한 불안감, 과거에 일어났던 일에 대한 후회, 타인에 대한 고민이나 짜증 등 마음을 술렁거리게 하는 것들이 떠오를 때 신경 쓰지 않겠다고 결정하면 마음이 편해진다. '결정한다'는 것은 자신의 행동이나 감정을 일정한 틀에 맞춘다는 것이다. 누가 뭐라고 말하든 '신경 쓰지 않아.'라고 결정해 버리면 정말로 결정한 대로 행동하게 된다.

"나는 남들이 뭐라고 말하든 신경 쓰지 않기로 결정했어."

이렇게 선언해 보자. 한층 개운한 기분으로 하루를 보낼 수 있을 것이다.

'부정적인 말은 쓰지 않기로 결정해.', '변명은 하지 않기로 결정했어.', '후회는 하지 않기로 결정하겠어.' 이렇게 되고 싶다면 시스템적으로 '결정해' 버리자. 결정하는 순간 고민이나 짜증으로부터 해방되고 지금 필요한 일에 집중할 수 있게 된다.

함께 있으면 즐거운 사람, 함께 있으면 피곤한 사람

세상의 요구 따위는
신경 쓰지 않는다

12

"모든 것을 잘할 필요도, 모든 사람에게서 사랑을 받을 필요도 없잖아?"

패션 잡지 등을 보면 그 정보량에 압도되는 동시에, 여성으로서 여러 가지를 요구받고 있다는 느낌이 든다. 유행하는 옷이나 화장을 한 세련된 여성, 요가나 피트니스 클럽에 다니는 건강미 넘치는 여성, 파티 요리나 도시락을 잘 만드는 가정적인 여성, 일도 인간관계도 실수 없이 극복해 내는 유능한 여성, 여자 친구 혹은 아내로서 사랑받는 여성…… 그처럼 완벽하고 재주 많은 여성이 과연 있을까?

세상의 요구에 전부 부응하려 할 필요는 없다. 오히려 하지 못하는 것이 당연하며, 대부분의 사람은 그다지 재주가 뛰어나지도 않을뿐더러 여러 가지를 해낼 시간도, 돈도, 에너지도 갖고 있지 않다. 서투른 것까지 포함해서 전부 다른 사람들 수준으로 만들려 하기보다는 내가 좋아하는 것에 한없이 집중하는 편이 행복하다. 좋아하는 것은 굳이 애쓰지 않아도 열중하게 되며 재능을 발휘할 수 있다. 가령 요리를 좋아하는 사람, 등산을 좋아하는 사람, 어학을 좋아하는 사람, 일을 좋아하는 사람, 집의 공간 활용을 잘하는 사람, 그 무엇보다도 가족을 사랑하는 사람……. 누구나 좋아하는 것, 집중하고 싶은 것이 몇 가지는 있기 마련이다.

자신이 무엇을 좋아하는지 잘 알면 '나머지는 아무래도 상관없어. 신경 쓰지 않아.'라는 기분이 된다. 그리고 이는 사람에 대해서도 마찬가지로, 소중히 대하고 싶은 사람, 관심을 집중하고 싶은 사람이 몇 명 있으면 '나머지는 아무래도 상관없어.'라고 선을 그을 수 있지 않을까? 누구에게나 좋은 사람이 되려고 하니까 피곤해지는 것이다.

좋아하는 것에 한없이 집중하는 사람은 항상 즐겁게 살며 매력적으로 보인다. 다른 부분은 부족하더라도 그것조차 매력으로 느껴진다. 설령 취미나 기호가 같지 않더라도 함께 있으면 밝은 에너지가 느껴져 자극을 받으며, 서로 존중할 수 있는 관계가 되어간다.

'나는 이것만 있으면 돼.'라는 우선 사항을 가지면 대부분의 고민은 사라진다. 반대로 '이것도 갖고 싶고 저것도 갖고 싶어.'여서는 정말로 원하는 것을 손에 넣지 못할 것이다.

'내가 정말 원하는 것은 무엇인가?'를 지금 재확인해 보면 어떨까?

함께 있으면 즐거운 사람, 함께 있으면 피곤한 사람

5

매력적인 사람에게는
이유가 있다

품위 있고 나다우며 원만한 사람들

어떤 상황에서도
즐거움을 찾는 사람

1

"즐겁지 않다면 그건 내가 뭘 잘못하고 있는 거야."

매력적인 사람을 보면 함께하고 싶다는 생각이 든다. 이번 챕터에서는 내가 만났던 사람들 중에 특별한 매력을 느꼈던 이들을 중심으로 사람의 매력에 관해서 이야기하고자 한다.

'매력적인 사람'이라고 하면 외모가 세련된 사람, 독특한 분위기가 있는 사람, 지식이 풍부한 사람, 어쩐지 의지하고 싶어지는 사람 등 여러 유형이 있지만, 그중에서도 남녀를 불문하고 즐겁게 사는 사람만큼 매력적인 사람은 없었던 것 같다.

내가 함께 일하고 싶다고 생각하는 사람은 일을 즐기는 사람이다. 책을 만드는 편집자라면 아무도 신경 쓰지 않을 부분을 다듬고 또 다듬으며 책을 읽는 재미를 높이려고 하거나 "언젠가는 이런 책을 만들고 싶어요."라며 눈을 반짝이면서 자신의 꿈을 이야

함께 있으면 즐거운 사람, 함께 있으면 피곤한 사람

기하는 사람을 예로 들 수 있다. 이처럼 열정을 갖고 일을 즐기는 사람에게는 무조건 매료되고 만다.

일뿐만이 아니다. 사람들을 먹일 음식을 만들면서 즐거워하는 사람, 즐겁게 아이를 키우는 사람, 하루하루를 즐겁게 사는 사람과는 세대와 직업이 다르더라도 친해지고 싶어진다. 여기에 힘든 상황에서도 명랑함을 유지하며 주변 사람들의 마음까지 챙기는 사람이라면 더더욱 대단해 보이고 존경하는 마음까지 생겨난다.

즐거운 마음으로 살아가는 사람은 삶의 에너지가 강하다. 먹구름이 끼기 쉬운 마음에 따뜻한 바람을 불어넣듯이 기쁜 일, 즐거운 일로 마음을 가득 채우려고 한다. 그런데 이런 사람들을 유심히 관찰해 보면 놀라운 사실을 발견하게 된다. 항상 즐거워 보이는 사람은 즐거운 일이 있어서 즐거운 것이 아니라 자신을 즐겁게 만드는 솜씨가 뛰어난 것이다.

예전에 나는 나를 즐겁게 만드는 일들에 대해서는 거의 생각을 하지 않고 살았다. 삶의 갈림길에서 무엇이 나를 이롭게 하는가, 라는 손익 개념으로 선택을 했다. 당시의 나는 즐거움을 몰랐다. 내가 즐겁지 않았으니 나와 함께 있었던 사람들도 아마 즐겁지 않았을 것이다. 그러나 아무리 열심히 해도 생각처럼 잘 풀리지 않았고, 그런 상황이 꽤 오랫동안 계속되었다. 그래서 생각을 바꾸어 가슴이 두근거리는 즐거운 일을 해보자고 마음먹었다. 게다가 전혀 즐거울 것 같지 않은 일조차도 어떻게 하면 즐겁게 할 수 있을지 궁리했다. 그렇게 조금씩 즐거움을 추구하게 되었고,

그 뒤로는 일이 술술 풀리기 시작했다. 결국 즐거운 길이 나를 빛나게 해 주는 길임을 확신하게 되었다.

나를 즐겁게 만드는 것은 순전히 나 자신의 책임이라는 점을 명심하자. 그러면 하루하루를 즐겁게 만들어 줄 방법이 의외로 쉽게 발견될지도 모른다.

주어진 기회를
소중히 여기는 사람

2

"모처럼 생명을 얻어 살고 있으니까, 이왕이면……."

우리 집 근처에 살았던 소꿉친구 M은 20대 초반에 맞선을 보고 결혼에 골인했다. 맞선 자리에서 처음 남편을 만난 뒤로, 두 번째 만난 자리가 약혼식, 세 번째 만난 자리가 결혼식일 만큼 무시무시한 스피드로 결혼을 하고 멀리 떨어진 도시로 시집을 갔다. M이 "좋은 사람인 것 같아서……."라고 말했을 때 나는 마치 새 차를 구입하는 것 같은 성급한 결단에 '너무 서두르는 거 아니야?'라고 걱정을 했더랬다.

그로부터 30년 가까이 지났다. M은 손자를 보았고, 같은 직장에서 20여 년째 파트타이머로 일하면서 즐겁게 살고 있다. 만날 때마다 관록이라고 말할 수 있는 어떤 안정감이 느껴지고 자신의 소중한 것을 지켜 나가고 있는 모습을 보면서 나는 존경심을 느끼고는 한다.

시작하기는 쉽다. 하지만 계속하기란 정말 어렵다. 어떤 일이
든 즐거움이나 기쁨에 주목하지 않고서는 계속할 수가 없다. 조
금 차원이 다른 이야기이기는 하지만, 책을 쓰면서 나도 절실하
게 느끼고는 한다. 마감에 쫓기는 괴로운 상태에서 계속 글을 쓰
다가는 언젠가 자멸해 버릴 거라고. 나는 언제까지나 글쓰기를
좋아하고 싶다. 그래서 좋아하는 책을 읽고, 흥미로운 주제를 추
적하고, 때로는 독자들과 교류하는 등 이것저것 즐기면서 글을
쓰기 위한 궁리를 하며 '좋아하는 마음'을 유지하려고 노력하고
있다.

이러한 마음의 근간에는 '모처럼 글을 쓸 기회를 얻었으니까.'
라는 단순한 초심이 자리하고 있는지도 모른다. "모처럼 ~하니
까."라는 말은 소극적으로 변하려는 마음을 적극적인 상태로 만
들어 주는 훌륭한 문장이다. 소중한 것을 더 소중하게 여기고 싶
고, 어떤 상태에 있든 상황을 조금이라도 더 좋게 만들어 보자는
마음을 품을 때도 대단히 효과적이다. '모처럼 가족이 생겼으니
까.', '모처럼 바라던 직업을 얻었으니까.', '모처럼 이곳에 살게 되
었으니까.' 등등. 가장 궁극적으로 효과를 발휘하는 말은 바로 이
말이다. "모처럼 생명을 얻어서 살고 있으니까."

'모처럼'이라는 말에는 어지간해서는 손에 넣기 힘든 것을 얻
은 복 받은 상황에 감사하고 그것을 소중히 하려는 마음이 담겨
있다. 그래서 나는 작은 일에도 마법의 주문처럼 "모처럼 ~이니

함께 있으면 즐거운 사람, 함께 있으면 피곤한 사람

까."라고 중얼거린다. "모처럼 날씨가 좋으니까 산책을 하자.", "모처럼 요리를 하게 되었으니 조금 특이한 것을 만들어 보자.", "모처럼의 외출이니 조금 멋을 내자." 이런 식으로 내게 주어진 기회 하나하나를 소중히 여기고 무엇이든 즐기면서 하자고 생각하는 것이 나와 주변 사람들을 즐겁게 만드는 첫걸음이라고 믿는다.

"바쁘다"는 말을 하지 않는 사람은 매력적이다

3

"도대체 왜 나는 맨날 이렇게 바쁜 거지?"

보기에는 엄청 바빠 보이는데도 좀처럼 "바빠서."라고 말하지 않는 사람을 보면 매력이 느껴진다. 대부분의 사람이 "바빠."를 입에 달고 사는 사람보다는 실제로는 바쁜데도 그러한 사정을 입밖에 내지 않는 사람과 함께하고 싶어 할 것이다. 그것은 시간의 문제가 아니라, 마음의 여유가 있느냐 없느냐에 달린 문제이기 때문이다.

이른 아침부터 밤까지 분 단위의 스케줄로 일하는 의사 친구가 이런 말을 한 적이 있다.

"바쁘다고 말하는 건 부끄러운 일이야. 바쁜 건 누구나 마찬가지인데, 그게 무언가를 하지 못하는 이유가 될 수는 없잖아."

일과 육아를 병행하면서도 어학 공부, 스포츠, 여행 등 하고 싶은 일들을 차례차례 해 나가고 있는 그 친구의 모습을 보면 나 역시 에너지를 얻게 된다.

현명한 사람은 "바쁘다."라는 말을 하지 않는다. 그런 말을 할수록 자신을 몰아붙여서 초조함과 짜증을 유발하고 더욱 좋지 않은 상황으로 몰리게 된다는 사실을 알기 때문이다. 뿐만 아니라 사람들과 멀어지게 만들고 상처를 주게 될지도 모른다.

마음의 여유를 유지하는 것은 대단히 중요하다. 마음에 여유가 있으면 매사를 즐길 수 있다. 자신의 사정을 강요하지 않고 다른 사람의 이야기에 귀 기울이고 친절하게 대할 수 있다. 마음의 여유를 가지려면 '바쁘다고 말하지 말 것' 외에 다음과 같은 습관을 들여 보도록 하자.

① 하루 한 번, 자신만을 위한 시간을 갖는다
하루 종일 다른 사람을 상대하거나 일을 하면서 바쁘게 살았으니, 15분만이라도 본래의 자신으로 돌아가거나 좋아하는 일을 하는 시간을 의식적으로 확보하면 마음의 여유가 생긴다.

② 5분이면 할 수 있는 일은 곧바로 한다
일을 방치하거나 뒤로 미루면 '아직 그걸 끝내지 못했는데.'라는 생각에 마음의 여유가 없어진다. 작은 일을 하나하나 처리하는 것이 마음의 여유로 이어진다.

③ 하지 않아도 되는 일은 하지 않는다

"바쁘다."라고 말하는 사람은 대체로 100퍼센트 이상의 '해야 할 일'을 자신에게 부과하고 있다. 객관적으로 봤을 때 '하지 않아도 되는 일'은 버리거나 허들을 낮추는 것이 중요하다.

초조해지면 호흡이 얕아진다. 바쁘다고 느끼면 먼저 깊게 호흡하는 습관을 들이는 것도 좋은 방법이다. 마음의 여유가 최고의 성과물을 만들어 낸다는 사실을 머릿속에 새겨 두기 바란다.

남과 자신을 비교하지 않는
사람에게는 매력이 있다

4

"저 사람은 저 사람이고, 나는 나야."

나와 남을 비교하는 것 자체가 나쁜 것은 아니다. '저런 사람이 되고 싶어.', '저 사람은 나와 어떤 면이 다를까?'라고 비교해 보면서 누군가를 닮고 싶다는 마음을 자신의 에너지로 바꾸어 나가는 사람도 있다. 그러나 하나부터 열까지 자신과 타인을 비교하면서 우열을 정하려는 사람은 마음이 쉬지 못할 뿐만 아니라 항상 자신감이 없는 상태에 머물러 있다. 남과 자신을 비교하지 않고 남은 남, 나는 나라는 자세를 가질 때만이 비로소 나의 진정한 가치를 찾아내고 장점을 살려 나갈 수 있다.

애플의 창업자 스티브 잡스(Steve Jobs, 1955~2011)는 이렇게 말했다.

"아름다운 여성의 마음을 사로잡으려 할 때, 라이벌이 장미꽃

10송이를 선물했다면 당신은 15송이를 선물할 건가요? 그렇게 생각한 시점에 당신은 이미 패배한 것입니다. 라이벌이 무엇을 하든 상관없어요. 그 여성이 정말로 무엇을 바라는지 파악하는 것이 중요합니다."

이 말에는 어떤 대상이 바라는 것을 제공하는 것뿐만 아니라 자신의 잣대로 살아가야 한다는 또 다른 중요한 교훈이 담겨 있다. 타인이 어떻게 하는지에 주목할 것이 아니라 나는 무엇을 할 수 있는지, 내게는 어떤 방법이 적합한지 계속 자문하면서 자신의 내면으로 시선을 향할 때 비로소 자신의 매력과 능력을 최대한으로 끌어낼 수 있는 것이다.

이런 것도 있다. 여성이 관리직이 되었을 때, 남성 관리직과 같은 시점에서 생각하고 같은 방식으로 팀을 통솔하려고 하면 잘 되지 않는다. 여성 특유의 시점에서 아이디어를 제안하거나 여성적인 애정으로 지켜보는 등 자신의 잣대로 생각하는 편이 능력을 더 잘 발휘할 수 있는 것이다.

남과 비교하는 습관이 있는 사람은 지금 당장 그 습관을 버리고 다음과 같은 습관이 몸에 배도록 만들기 바란다.

① 다른 사람이 성공하면 진심으로 축하하고, 장점을 발견하면 진심으로 칭찬한다.
② 하루에 한 가지, 자신이 해낸 일을 칭찬한다. 자신에게 일어난 일에 감사한다.

함께 있으면 즐거운 사람, 함께 있으면 피곤한 사람

타인에게도 훌륭한 점이 있고, 내게도 훌륭한 점이 있다고 나와 타인을 분리해서 생각하는 습관을 들이면 편한 마음으로 나의 성장과 행복을 추구할 수 있다.

우리 모두는 인생이라는 연극의 주인공이자 연출가이다. 나를 한없이 사랑하고 나에게 어울리는 드라마를 만들어 나갈 때 주인공의 매력이 더욱 커지는 법이다.

겸손한 사람에게는
매력이 있다

5

"고맙습니다. 모든 것이 당신 덕분입니다."

나이나 지위 등에 상관없이 겸손한 사람은 매력적으로 다가온다.

오랜 시간 동안 인기를 유지하는 연예인과 배우의 공통점은 겸손하다는 것이 아닌가 싶다. 칭찬을 받아도 "항상 저를 응원해 주시는 여러분의 덕택입니다."라고 말하는 사람을 보면 앞으로 계속 응원하고 싶어진다.

또한 지위나 명성, 학력에 상관없이 상대로부터 새로운 것을 배워서 흡수하려 하는 사람도 겸손한 사람이다. 진정한 의미에서 자신을 신뢰해 '나는 아직 더 배울 수 있어.'라고 생각하는 까닭에 계속 성장해 나가며 자신을 객관적으로 바라볼 수 있고, 그렇기에 사고방식이 유연한 것이다.

특히 뜻이 높은 사람은 오만해지는 것의 무서움을 잘 이해하

함께 있으면 즐거운 사람, 함께 있으면 피곤한 사람

고 있기에 '벼는 익을수록 고개를 숙인다.'라는 겸손한 자세를 잊지 않는다. 오만함은 자신을 대단하다고 생각하는 것이다. 오만한 사람은 성장할 수 없을 뿐만 아니라 타인의 의견을 듣지 않기 때문에 '벌거벗은 임금님' 상태가 되어 버린다.

겸손해진다는 것은 '감사하는 마음'과 '배움의 기회'를 계속 찾아 나가는 것이다. 그렇기 때문에 주위 사람들은 그런 사람을 매력적으로 느끼며 함께 있으면 즐겁다고 느끼는 것이리라.

그런 겸손한 사람에게는 어떤 공통적인 습관이 있을까? 중요한 것은 '타인을 소중히 여기고 존중하는 습관'이다. 구체적으로 말하면 다음과 같다.

① 모든 사람의 이야기를 귀담아 듣고, 잘못을 하면 사과한다

겸손한 사람은 좋은 이야기뿐만 아니라 비판도 받아들이며 잘못을 저질렀을 때 솔직하게 사과한다. 타인의 충고가 필요하다는 걸 알고 있기에 냉정하고 차분하게 남의 의견에 귀를 기울일 수 있는 것이다.

② "덕분에", "고맙습니다"가 말버릇

겸손한 사람은 주위 사람들을 소중히 여긴다. 내가 지금 이곳에 있을 수 있고, 무엇인가를 할 수 있는 것은 주위 사람들의 도움 덕분임을 알기에 감사하는 마음을 항상 간직하며 살아간다.

③ 누구에게나 공손하게 인사하고, 최대한 경어를 사용한다

겸손한 사람이 주위 사람들과 좋은 관계를 쌓을 수 있는 이유는 상대와 같은 눈높이에서 배려심을 갖고 대하기 때문이다. 공손한 말씨를 쓰면 상대도 똑같이 공손한 말씨를 쓰게 된다.

타인을 소중히 여기면 자신을 소중히 여기는 마음도 커진다. 겸손한 사람에게서는 언제나 '신선함'이 느껴진다. 타인의 의견이나 응원을 통해 점점 멋지게 진화해 간다. 험한 세상에서 살아남을 수 있는 힘을 지닌 씩씩한 사람이라고도 할 수 있다.

함께 있으면 즐거운 사람, 함께 있으면 피곤한 사람

타인의 실수를
너그럽게 봐주는 사람

6

"괜찮아요. 누구나 실수는 하잖아요."

직장에서 누군가가 실수를 했을 때, 친구가 약속을 지키지 못했을 때, 가족이 어떤 착각을 했을 때 "아휴, 짜증나!"라고 말하며 몰아붙이지 않고 "괜찮아. 그럴 수도 있지."라며 너그럽게 봐주는 사람을 보면 그릇이 크다는 느낌을 받는다.

나는 예전에 친구 집을 찾아가기로 약속한 날짜를 착각한 적이 있었다. 친구는 요리를 만들어 놓고 기다렸던 모양인데, 결국 그 음식은 주인을 찾지 못했다. 나중에야 약속을 지키지 못했다는 것을 깨닫고 사과를 했다. 그때 친구가 그랬다.

"이런 상황에서는 사과하는 쪽이 더 힘들고 괴롭더라. 리허설 해 본 셈 치면 되니까 괜찮아."

피해를 입힌 쪽의 입장에서 생각해 주는 친구의 말에 눈물이

나올 것만 같았고, '얘하고는 평생의 친구가 되자.', '나도 이렇게 마음이 넓은 사람이 되도록 하자.'라고 굳게 결심했다.

한편 타인의 실수를 너그럽게 봐주지 못하는 사람은 상대 때문에 손해를 봤다는 생각을 떨쳐 내지 못한다. 이해 못하는 바는 아니다. 우리는 다른 사람으로부터 좋지 않은 일을 당했을 때 그 손해를 상대가 벌충해 주어야 한다고 생각하는 습관이 있기 때문이다. 그러나 상대를 몰아붙이거나 사과 또는 벌충을 요구한들 생산성 없는 짜증과 분노를 느낄 뿐이다. 결국 손해를 보는 쪽은 나 자신인 것이다.

타인의 실수를 너그럽게 봐줄 수 있는 사람은 자신을 괴롭히는 그런 습관을 버리고 '그건 의식하지 않는다.', '마음에 담아 두지 않는다.'는 습관을 몸에 익히고 있다. '용서'라기보다는 서로를 위해 '그럴 수도 있지.'라며 무거운 짐을 내려놓는 것이다.

그런데 사실 너그럽게 봐줄 수 있는 사람은 실제로 손해를 보는 것이 아니라 엄청난 이익을 얻고 있는 것이다. 먼저, 자신의 부정적인 감정을 깨닫고 제동을 겖으로써 현실을 받아들이고 '그렇다면 어떻게 해야 할까?'를 궁리하고 문제를 해결해 '현재'와 '미래'를 마주할 수 있다. 그리고 다른 사람을 너그럽게 봐주면 자신을 좀먹는 감정이 사라져서 몸과 마음이 건강해진다. 즉, 상대뿐만 아니라 자신에게도 다정해질 수 있는 것이다.

타인의 평가도 오른다. 온화한 성품을 지닌 사람으로 여겨질 뿐만 아니라 '그릇이 크다.', '이성적이다.'라는 인상을 주어서 사람들이 당신을 더욱 신뢰하게 될 것이다.

그런데 가장 큰 이익은 따로 있다. 무의식중에 나를 바라보는 나 자신의 평가가 오른다는 사실이다. 부정적인 감정을 극복하고 관용을 베풀 수 있었다는 하나의 성공 체험이 일종의 자신감과 자기 신뢰로 쌓여서 보다 나은 인격으로 형성된다.

타인의 실수를 너그럽게 봐주자. 틀림없이 기분이 좋아질 것이다.

삶의 바닥을 경험한 사람에게는
매력이 있다

7

"언젠가는 반드시 좋은 날이 올 거야."

살다 보면 산도 있고 골짜기도 있다는 사실을 경험한 사람에게서는 좋은 기운이 느껴진다.

내가 취재하고 싶은 대상은 재미있는 일을 하고 있는 사람, 돈 보이지는 않지만 자신의 인생을 즐기는 사람, 가치관이 독특한 사람 등 다양한데, 그중에서도 인생의 밑바닥을 경험한 사람이 있다면 만사를 제쳐 놓고 만나러 가고 싶다. 그런 분들 중에는 여전히 밑바닥을 벗어나지 못한 사람도 있겠지만 힘든 상황을 헤치고 나와 역전타를 날린 사람들도 있다. 매우 활기차게 살고 있는 그들을 만나면 누구나 커다란 에너지를 얻을 수 있을 것이다. 그들이 살아가는 자세나 살아 있는 체험들은 그 어떤 말보다 설득력이 있기 때문이다.

함께 있으면 즐거운 사람, 함께 있으면 피곤한 사람

인생의 중반을 넘긴 나이에 찬란한 빛을 내는 사람은 대부분 밑바닥에서 허우적거린 경험이 한두 번쯤 있지 않을까? 지독하게 괴로워하고 고민하다 실낱같은 희망을 붙잡고 정신없이 앞으로 나아갔으며, 자기 인생의 문제는 자신의 손으로 해결할 수 있음을 배운 사람들이다. 그리고 그런 시간을 통해 일상의 지극히 평범한 행복을 깨달았을 것이다.

내가 만나러 갔던 매력적인 사람 중에는 '세계에서 가장 가난한 대통령'으로 불렸던 무히카(José Mujica) 우루과이 전 대통령의 영부인 루시아(Lucía Topolansky) 씨가 있다. 루시아 씨는 전 대통령의 영부인일 뿐만 아니라 지금도 우루과이에서 가장 인기 있는 국회 의원이지만, 그런 루시아 씨의 반평생은 참으로 파란만장했다. 젊은 시절 강한 정의감으로 반정부 게릴라 조직에 가담했다가 무히카 씨와 마찬가지로 40세까지 거의 13년 동안 혹독한 고문을 받으며 감옥에 갇혀 있었던 것이다.

그런 루시아 씨의 주위에 많은 사람이 모여드는 이유는 그녀가 굴하지 않는 정신력을 가졌을 뿐만 아니라 희망을 주기 때문이 아닐까 싶다. '어떤 상황에 처하더라도 반드시 극복하고 더 높이 올라갈 수 있다.'는 희망. 실제로 만나 본 루시아 씨는 온화하고 애정이 많은 사람이었다. 작은 일에 동요하지 않는 강인함과 타인을 배려하는 상냥함을 갖추고 있었다. 그리고 그녀는 "인생은 소중합니다. 하고 싶은 일을 하세요."라고 가르쳐 주었다.

인생을 살다 보면 산도 있고 골짜기도 있다. 산과 골짜기는 이어져 있으며, 골짜기가 있기에 산도 있는 것이다. 이와 같은 굴곡이 존재하기에 인생이 풍요로워진다. 골짜기에 떨어지고 싶어서 떨어지는 사람은 없지만, 그 경험을 의미 있게 살리느냐 살리지 못하느냐는 당신에게 달려 있다. '이렇게는 끝날 수 없어.'라며 포기하지 않고 앞으로 나아간다면 '그 시절이 있었기에 지금의 내가 있는 거야.'라고 생각하게 될 날이 반드시 찾아올 것이다.

한 번밖에 없는 인생을 제대로 누리기 위해 산도 골짜기도 담담하게 극복해 나가자.

현명하게
기다릴 줄 아는 사람들
8

"여유를 갖고 기다리다 보면 상황이 나아질 거야."

기다릴 줄 아는 사람은 매력적이다.

생각해 보면 과거의 나는 기다릴 줄 모르는 사람이었다. 기다림에 익숙한 사람이었다면 젊은 시절에 50가지가 넘는 직종의 일을 하지도 않았을 것이다. 한자리에서 진득이 기다리면서 상황이 나아지기를 기다렸을 것이다. 이처럼 세상에는 기다릴 줄 아는 사람과 기다릴 줄 모르는 사람이 존재한다.

무언가를 잘 기다리지 못하는 사람은 불편한 상황을 한시라도 빨리 없애고 싶어 하기 때문에 뭐라도 하지 않고서는 직성이 풀리지 않는다. 그리고 서두르다가 지금 당장 필요한 것을 놓치거나 타이밍을 오판하고 만다. 내 인생에서 크게 후회하는 일이 많지는 않지만 기다리지 못해서 판단을 그르친 일에 대해서는 지금도 아쉬움이 남는다.

일반 직장에서 일하던 친구는 다니던 회사가 언젠가 외국에 진출할 것을 기대하며 10년 이상 영어 회화를 공부했고, 결국 멋지게 승진해서 해외 주재원이 되었다. 이에 대해 그 친구는 "포기할까 하는 생각도 수없이 했지만, 그래도 참고 기다리기를 잘했지. 사실 1년만 더 상황에 변화가 없었다면 이직했을지도 몰라."라고 말했다. 그야말로 기다림의 승리라고 할 수 있다.

연애를 할 때도 기다릴 수 있는 사람과 기다리지 못하는 사람이 있다. 기다리지 못하는 사람은 "남자 친구의 연락이 뜸해졌어.", "하도 바빠서 자주 만날 수가 없어."라며 불안해하거나 상대를 몰아붙인다. 그렇게 연인을 성가시게 할 뿐만 아니라, 결국에는 "더는 못 기다려!"라며 자폭해 버린다.

한편 "언제까지나 기다리고 있을게."라고 말하며 기다리는 사람도 있다. 그런 사람은 갸륵해 보이지만 한편으로는 힘들어 보이기도 한다. 결국에는 기다림에 지쳐서 상대를 책망하게 된다.

기다림에 관해서는 '절반만 기대하면서 기다리는 것'이 현명한 방법이다.

기다림은 상대를 위해서 시간을 쓰는 행위다. 이때 절반만 상대를 위해서 쓸 수도 있다. "기다리는 동안 내가 하고 싶은 일을 할게."라며 기다림의 절반을 나를 위해서 사용하면 보다 느긋하게 기다릴 수 있다. 원하는 대로 결과가 나오지 않아도 '어쩔 수 없지.'라고 받아들일 수 있는 여유도 생긴다. 기다림을 너무 심각

함께 있으면 즐거운 사람, 함께 있으면 피곤한 사람

하게 생각해서 온힘을 쏟아서는 안 된다.

　우리가 겪는 이런저런 문제들도 잠시 기다리다 보면 상황이 달라지고는 한다. 오히려 성급하게 해결하려다 문제를 더욱 복잡하게 만들 때가 있다. 인간관계의 문제도 시간이 지난 다음에 대화로 풀면 될 일을 성급하게 정리하려다가 더욱 꼬이는 경우가 있다. 육아도 마찬가지다. 자녀가 성장하기를 기다리지 못하고 초조해하거나 조급해하는 부모는 자녀의 미래를 망칠지도 모른다.

　기다릴 줄 아는 사람은 자신과 상대를 밝은 마음으로 신뢰한다. 마음이 여유롭기에 기다릴 줄 알고 서두르지 않는다. 그런 사람에게는 매력이 느껴진다.

'나만의 언어'로 표현할 수 있는 사람은 매력적이다

9

"그 사람의 마음을 사로잡을 좋은 표현이 없을까?"

자기만의 언어로 표현할 수 있는 사람은 매력적이다. 가령 SNS로 생일 축하 메시지를 주고받을 때 '생일 축합니다.'나 '멋진 1년이 되기를.' 같은 정형적인 문장 속에서 '응?' 하고 시선을 고정하게 되는 문장은 역시 그 사람 특유의 표현이 담긴 메시지다. 특히 내가 감동을 받았던 메시지는 '생일 축하해!'라는 평범한 문장이 적힌 플래카드를 들고 환하게 웃고 있는 친구 두 명의 사진 메시지였다. 그리고 나의 흑역사를 아는 친구가 보낸 '태어나서 지금까지 단 한 번도 멈춘 적이 없는 네 심장에 박수를. 멈출 뻔한 적이 몇 번 있었지만 말이지.'라는 메시지를 접했을 때는 너무 웃겨서 마시던 물을 뿜을 뻔했다.

이렇게 자기만의 표현으로 메시지를 전할 수 있는 사람은 매력적이다. 마음이 통한다는 느낌을 받는다. '자신의 말', '자기 특유의 표현'이라고 해서 어렵게 생각할 필요는 없다. 재치 있는 말, 위트가 넘치는 표현이 필요하지도 않다. 대화, 메신저, 스피치……. 어떤 메시지든 자신의 말로 전하기 위한 기본은 다음 세 가지다.

① '전하는' 것과 '전달되는' 것은 별개라고 생각한다

단순히 말을 '전했다'고 해서 자신의 마음이 '전달된' 것은 아니다. '어떤 식으로 말해야 나의 마음이 상대에게 전달될까?'를 상대의 처지에서 생각하는 것이 중요하다.

② '어떻게 하면 상대가 좀 더 기분이 좋아질까?'를 생각하는 습관을 들인다

중요한 것은 어떤 말을 빌려 오느냐가 아니라 '마음'을 전하는 일이다. 가령 업무 메일의 말머리에 '항상 신세를 지고 있습니다.'라고만 적으면 상대는 형식적인 인사말로 보고 지나쳐 버리지만, 여기에 '오늘은 날씨가 참 좋네요.'라고만 덧붙여도 보는 사람은 마음이 온화해진다. '어떻게 하면 상대가 좀 더 기분이 좋아질까?'는 어떤 메시지를 전할 때 궁리해야 할 하나의 기준이다. '이 기준에 맞는 말은? 표현은?'을 생각하는 습관을 들이기만 해도 표현 방법이 훨씬 다양해진다.

③ 솔직한 '감정'과 '기분'을 전한다

가령 감사의 마음을 전한다면 '고마워.'뿐만 아니라 '정말 기뻤어.', '네가 있어서 다행이야.' 등의 감정을 덧붙이기만 해도 전해지는 느낌이 달라진다. 일을 마치고 퇴근할 때도 "수고하셨습니다."뿐만 아니라 "오늘은 조금 바빴지만 덕분에 꽤 정리가 됐네요."같이 기분을 전할 때 더욱 친근감이 느껴지기 마련이다.

'자신의 언어'로 표현할 수 있게 되면 틀림없이 여러분을 바라보는 주위 사람들의 눈도 달라질 것이다.

자기다운 멋을 즐기는 사람은 매력이 있다

10

"어떤 옷을 입어야 그 사람을 존중한다는 느낌을 줄까?"

흔히들 사람은 겉모습이 전부가 아니라고 말하지만, 외모나 분위기 등의 인상은 사람을 매력적으로 보이게 하는 중요한 요소다. 겉모습을 통해서 그 사람의 사고방식이나 지향하는 바를 어느 정도는 짐작할 수 있기 때문이다.

외국에 나가면 나이가 지긋한데도 멋쟁이라는 느낌을 주는 여성을 종종 볼 수 있다. 전신을 모노톤으로 통일하고 빨간 립스틱을 바른 사람, 헐렁한 셔츠에 큼지막한 스톤 액세서리와 개성적인 안경을 조합한 사람……. 얼굴이나 몸매가 아니라 그 사람 특유의 아우라에 매료되어 흥미를 느끼게 되는 것이다.

매력적인 사람은 무엇이 다를까? 그 결정적인 요소는 '그 사람다움'이 아닐까 싶다. 진정으로 멋스러운 사람이 지향하는 바는

젊게 보이는 것도, 유행을 따르는 것도 아니다. 자신의 특색을 살리는 것이다. 매력적인 사람은 옷의 모양, 색, 스타일, 소재 등에 대해 자신에게 무엇이 어울리고 무엇이 어울리지 않는지 잘 알고 있다. 자신만의 스타일을 만들기 위해 개성을 바탕으로 되고 싶은 이상적인 모습을 결정하는 것도 한 가지 방법인지 모른다. 그 이미지가 구체적이라면 선택도 명확해진다. 멋진 옷을 찾으려 하는 것이 아니라 자신의 스타일에 필요한 옷을 찾는 것이다.

멋스럽다고 느껴지는 사람은 '그 사람다움'이 잘 나타나는 기본 스타일을 갖고 있으며, 이것을 조금씩 변형시키면서 반복해서 입는 사람도 많이 볼 수 있다. 바지의 경우는 사이즈와 실루엣에 집착한다든가, 신발은 소재와 편안함에 집착한다는 식으로 자기 나름의 황금률을 갖고 있는데, 이것이 '그 사람다운 멋스러움'이라는 매력이 되어 가는 것이리라.

또한 나이를 먹을수록 단순함도 중요한 요소가 된다. 멋을 부리려고 이것저것 추가하는 것은 오히려 역효과를 부른다. 그렇게 하면 어른의 세련된 품격을 연출하지 못하게 된다. 어떻게 해야 최소한의 아이템으로 자신을 돋보이게 꾸미느냐가 어른의 멋을 결정한다. 액세서리는 얼굴을 밝게 보이도록 하거나 옷의 매력을 살리는 '향신료'이므로 꽤 중요한 아이템이다. 개성 있는 액세서리를 고르면 좋을 것이다.

마지막으로, 바른 자세 또한 매력적인 사람의 특징이다. 등을 꼿꼿하게 펴기만 해도 한층 더 멋지게 느껴지기 마련이다.

함께 있으면 즐거운 사람, 함께 있으면 피곤한 사람

자신을 소중히 여기는 사람은 자신을 매력적으로 표현하기를 즐기며 멋스러움을 포기하지 않는다. 그렇게 차려입은 사람을 보면 만나는 사람을 소중히 여기는 마음도 느껴진다.

이성에게
매료되는 이유

11

"왜 자꾸 저 사람에게 끌리는 거지?"

사진작가 시절에 나는 수많은 결혼식에서 사진을 찍었는데, '얼굴이 닮은 부부가 많구나.'라는 생각을 자주 했다. 얼굴뿐만이 아니다. 오래된 부부는 분위기나 좋아하는 것, 친구의 유형도 비슷하다. 요즘은 여성의 사회 진출과 남성의 초식화로 남성과 여성이라기보다는 마치 동성 친구 같은 '친구 부부' 커플이 늘고 있는데, 이런 커플들이 의외로 즐겁게 살기도 한다. 이것은 남녀를 결합시키는 '유사성의 법칙'으로, 서로 닮은 점을 발견하면 강한 친근감과 안정감을 느낀다는 것이다.

그러나 반대로 이성에게서 자신에게는 없는 이질적인 모습을 발견하고 갑자기 반하게 되는 경우도 있지 않을까? 가령 남성이 여성의 여성스러운 모습, 섬세한 배려와 상냥함에 매력을 느끼거나 여성이 남성의 우람한 팔 근육, 믿음직한 경제력, 뛰어난 재능 등에 매료되는 경우가 있다. 이것을 '상보성의 법칙'이라고 하는데, 각자에게 없는 것을 보완하려 하는 심리에서 비롯된다.

내가 갖고 있지 않은 감각에 대한 욕구는 일종의 '굶주림'에 가까워서, 유사성보다 훨씬 강한 흥분과 설렘을 동반하며 상대를 원하게 된다. 극단적으로 말하면 마성의 여자 때문에 신세를 망치거나 SM적인 관계에 빠져드는 것도 그런 욕구에서 비롯되는 것일지 모른다.

이성에게 매료될 때 '왜일까?'를 생각해 보면 '유사성의 법칙' 또는 '상보성의 법칙' 중 어느 하나에 해당되기 마련이다. 또한 서로 얼굴만 아는 정도의 사이인 사람과 조금 더 친해지고 싶다거나 연인 사이가 되고 싶다는 생각이 들 때 이 법칙을 의식하면 어떻게 접근해야 할지도 알 수 있다. '유사성의 법칙'에 해당되는 사람에게는 둘 다 공통적으로 좋아하는 것을 화제로 삼고, '상보성의 법칙'에 해당되는 사람에게는 이야기를 귀 기울여 듣고 존경심을 표시하면 좋을 것이다.

다만 '유사성', '상보성'만으로 즐거운 관계를 지속하기는 어려운 측면이 있다. 서로 닮은 유사성 커플이 서로를 이성으로 느끼지 못해 성관계를 하지 않거나, 상보성 커플이 공복감이 해소되자 '나를 이해해 주지 않아.'라고 불만을 느끼는 식이다. 그래서 결국은 '유사성'과 '상보성'을 모두 지니고 있는 편이 관계를 오래 지속할 수 있다. 나와 다르다고 생각했던 사람에게서 '닮은 점'을 발견하면 안심이 된다. 반대로 나와 닮았다고 생각했던 사람에게서 '다른 점'을 발견하면 매력을 느낀다.

남녀를 연결하는 이 두 가지 성질을 알고 있으면 서로가 원하는 것을 찾아내기가 쉬워진다.

남성은 어떤 여성과 함께 있을 때 즐거울까?

12

"편안하게 마음을 터놓을 수 있는 이성 친구가 있으면 좋겠는데……."

남성이 매력적으로 느끼고 함께 있을 때 즐거워지는 여성은 어떤 사람일까? 여기에서는 나이나 처지에 상관없이 개인적으로 만나는 남자 친구나 동료가 (연애 감정 없이) 같이 있으면 즐겁다고 여기는 여성에 관해 생각해 보려 한다.

　오랫동안 친하게 지내면서 서로 즐겁게 대화하고 부탁이나 상담도 하는 남녀를 관찰하면서 내가 느낀 점은 편하고 서로 마음을 터놓는 관계 같다는 것이었다. 솔직하게 마음을 열 수 있는 관계라는 말이다. 외국 드라마에서 중년의 남녀가 친구나 직장 동료로서 서로를 신뢰하는 모습을 볼 때마다 나이를 먹을수록 마음을 터놓고 지낼 수 있는 이성이 있으면 참 좋을 것 같다는 생각을 했다. 가족이나 친척, 옆집 아저씨 등 오랜 기간에 걸쳐 형성된 혈

연이나 지연이 있으면 안심하고 마음을 터놓을 수 있겠지만, 그것만으로는 세상이 넓어지지 않는다. 그런 공동체를 뛰어넘어 남성의 처지에서 자신의 의견을 말해 주거나 재미있는 정보를 가르쳐 주거나 이야기를 들어 주는 사람은 성인 사회에서 매우 고마운 존재다. 마음을 터놓는 수준이 높을수록 더 친하고 즐거운 관계가 되지 않을까?

다만 이 '마음을 터놓는다'는 것은 쉬워 보이지만 의외로 어렵다. 특히 남성과 여성의 관계에서 안심하고 마음을 터놓게 되기 위해서는 주의해야 할 사항이 있다. 이런 표현은 조금 뭣하지만, 동성 친구 이상으로 끌어당기는 무엇인가와 서로 안심할 수 있는 신뢰 관계의 토대가 있어야 비로소 마음을 터놓을 수 있는 것이다.

첫 번째 주의 사항은 처지와 나이가 어떻든 남성에 대해 존중을 나타내는 것이다. 존중받지 못하면 남성은 함께 있어도 따분하게 느끼기 마련이다.

둘째는 이야기를 잘 들어 주는 것이다. 배려하는 마음을 갖고 상대의 기분을 이해하면서 상담에 응하거나 자신의 처지에서 의견을 말함으로써 서로에게 좋은 대화 상대가 되어 간다.

셋째는 거리감을 중요하게 여기는 것이다. 이성 관계이기에 지나치게 적나라한 이야기를 하거나 상대의 일에 너무 깊게 개입하면 상대는 당혹감을 느끼기 마련이다. 최소한의 예의는 지키자.

남성은 여성이 기뻐해 주는 것을 자신의 에너지로 삼는 생물이다. 작은 일에도 기뻐하고 "네가 있어서 정말 다행이야!"라고 고마움을 전하자. 안심하고 마음을 터놓을 수 있게 된다면 편안한 관계가 지속되지 않을까?

계속 함께 있고 싶어지는
여성이란?

13

"당분간 혼자 있고 싶다면, 그렇게 해."

함께 좋은 시간을 보냈고, 이대로 계속 즐겁게 지낼 수 있으리라고 생각했던 남성이 어느 날 갑자기 싸늘해지더니 연락을 하지 않게 되어 당황한 경험은 없는가? 나는 그런 경험을 한 적이 있다. 그리고 그 경험을 통해서 깨달은 것이 있다.

"히어로는 멀리 떨어진 고향별로 떠난 것입니다."

물론 이것은 비유이며, 남자가 마음을 닫고 정신적으로 혼자가 되려고 하고 있다는 의미다. 실제로 자신의 방에 틀어박히는 사람도 있고, 함께 있지만 마음은 다른 곳에 있는 사람도 있다.

여성은 어떤 일로 스트레스를 받으면 누군가에게 이야기를 하거나 의논하는 등 커뮤니케이션으로 해결하려고 하지만, 남성은 좀처럼 약한 모습을 보이고 싶어 하지 않는 '히어로'인 까닭에 커

함께 있으면 즐거운 사람, 함께 있으면 피곤한 사람

뮤니케이션 자체가 스트레스가 된다. 혼자서 해결하고 싶어 한다는 말이다. 스트레스의 원인은 '여자 친구가 시끄럽다'든가 '업무가 생각처럼 진행되지 않는다'든가, '계속 이렇게 살아도 괜찮을까?' 하는 고민 등 여러 가지가 있을 터인데, 그런 문제를 그저 혼자서 생각하고 싶어 하는 것이다.

이 경우 여성은 어떻게 해야 할까? 아무것도 하지 않는 것이 최선이다. 마음에 부상을 입은 히어로가 멀리 떨어진 고향별에서 회복 중이라고 생각하고 내버려두자.

남성이 자신의 껍질 속에 틀어박혀 버리면 여성은 '내가 싫어진 건가?', '무슨 일이 있었던 거지?', '혹시 헤어지려고 하는 건가?'라는 생각에 패닉 상태가 되어서 "왜 그래?"라며 끈질기게 캐묻는다. 여성은 답이 나오지 않는 상태가 견딜 수 없이 불안하기 때문이다. 그러나 섣불리 "나한테 너무하는 거 아냐!?", "당신은 항상 자기 생각만 해!"라며 화를 내면 상대는 그런 여성에게 진저리를 내거나 같이 화를 내고, 그 결과 상황은 점점 악화될 뿐임을 기억하기 바란다. 특히 남성에게 여유가 없을 경우, 세 가지 기본적인 자유인 '시간', '돈', '에너지'를 빼앗는 여성에게 큰 실망을 느낀다. 이것은 남편이나 연인뿐만 아니라 남성 동료나 친구, 그 밖의 모든 남성에게 해당되는 상황이다.

상대의 페이스에 맞출 필요가 있을 때가 있다. 남성이 마음을 닫고 있는 징조가 보인다면 "히어로가 고향별로 돌아갔구나."라고 중얼거리자. 남성은 어지간해서는 자신이 헤어지자는 말을 꺼

내지 않는다. '내버려둬 주는', '자신을 믿어 주는' 여성이 있는 곳
은 남성에게 매우 마음 편한 장소다.

그리고 남성이 돌아왔을 때는 "어서 와."라고 말하듯이 다정하
게 맞이하자.

6

주변을 변화시키는
칭찬의 기술

내가 행복해지는 최고의 전략

칭찬은 세상의 아름다움을
발견하는 일

1

"칭찬을 하고 나면 내 마음이 밝아져."

'함께 있으면 즐거운 사람'이 되고 싶다면, 나 자신이 먼저 주위 사람들이 편하게 여기는 사람이 되어야 한다. 이를 위한 방법 중 하나는 '칭찬하는 사람'이 되는 것이다. 아첨을 하거나 마음에도 없는 소리를 하라는 이야기가 아니다. 칭찬을 잘하기 위해서는 다른 사람에게 흥미를 갖고 그 사람의 작은 장점까지 발견하려 하는 마음의 습관을 가지고 있어야 한다. 그러한 마음이 자연스럽게 입 밖으로 나올 때 상대를 웃게 만들 수 있다.

"센스가 참 좋으시네요."

"목소리가 부드러워서 듣기 좋습니다."

"함께 있으면 마음이 편안해지는군요."

칭찬이 자연스러운 사람과 함께 있다면 즐겁지 않겠는가? 당신의 칭찬을 들은 사람 역시 당신의 장점을 찾아내서 칭찬해 주고 싶다는 생각을 가지게 될 것이다. 칭찬의 고수는 주변 사람들의 마음을 부드럽게 어루만져 주는 사랑의 고수이기도 하다.

사람을 움직이는 솜씨가 뛰어난 리더, 주위 사람들의 도움을 받으며 일과 가정 모두에 충실한 커리어 우먼, 이성에게 인기가 좋은 사람, 언제나 사이가 좋은 부부, 자식이나 손자손녀에게 존경받는 어르신 등은 대개 칭찬의 고수들이다. 자신의 이야기만 하고 자기주장만 내세우는 사람들이 절대로 아니다.

사람과 사람 관계 중에서 가장 유대가 강한 관계는 서로 인정해 주는 관계라고 한다. 칭찬의 고수가 되면 인간관계가 원활해질 뿐만 아니라 인생의 여러 가지 일들이 술술 풀려 나간다. 설령 어떤 문제가 생기더라도 평소에 서로 칭찬해 주는 관계였다면 얼마든지 극복해 나갈 수 있을 것이다.

칭찬을 잘하면 대화가 끊기거나 어색해질 때 칭찬으로 돌파구를 찾을 수 있고, 다른 사람의 장점을 내 것으로 흡수하는 능력이 커진다. 칭찬에 인색한 사람에 비해 수백 배의 이익을 본다고 할 수 있다.

칭찬의 가장 큰 효과는 칭찬을 하겠다고 의식함으로써 상대의 좋은 부분을 보게 되고 그로 인해 사람을 좋아하게 되며 인생의 아름다운 면을 발견하게 된다는 것이다. 물론 이렇게 되면 작은 일에 짜증을 내지 않고 온화한 기분으로 살 수 있다. 칭찬의 고수는 행복의 고수이기도 한 것이다.

다만 동북아시아의 나라들에서는 칭찬하는 문화가 약하다. 칭찬받고 싶은 사람은 많은데, 칭찬해 주는 사람은 적은 것이 현실이다. 그런데 이러한 상황은 칭찬 잘하는 사람의 희소가치가 높음을 의미한다. 당신이 다른 사람을 칭찬해 주기만 해도 기대 이상으로 행복을 전해 줄 수 있고 당신도 덩달아 행복을 실감하게 될 것이다.

이번 챕터에서는 칭찬의 고수가 되기 위한 포인트를 알아보도록 하겠다.

특별한 존재임을 느끼게 해 주는
칭찬의 기술

2

"당신이 훌륭한 사람이라는 사실을 저는 알고 있어요."

칭찬의 고수는 '이 사람이 나를 유심히 보고 있구나!'라고 느끼게 하는 포인트를 찾아내서 핵심을 찌르는 말로 칭찬한다.

뛰어난 부분이나 좋은 일을 했을 때 등 눈에 보이는 부분을 칭찬하는 것은 누구나 할 수 있다. 그러나 아무도 깨닫지 못하는 점, 본인조차 깨닫지 못한 깊은 부분을 칭찬해 주면 사람은 한층 기분이 좋아지기 마련이다. 칭찬해 준 상대를 나만의 특별한 가치를 알아준 사람으로 인식하고 좋은 인상을 받게 된다. 그렇다면 칭찬의 고수가 찾아내는 칭찬 포인트로는 어떤 것이 있을까?

① '습관이 된 점'을 칭찬한다
특별한 사건이 없더라도 동료에게는 "언제나 밝게 인사해 줘서

기분이 좋아.", 친구에게는 "항상 내 이야기를 들어 줘서 고마워.",
가족에게는 "항상 밥을 남기지 않고 먹어 줘서 고마워." 등 그 사
람의 습관이 된 부분을 칭찬의 범위에 집어넣는다.

② '신경 써 주는 점'을 칭찬한다
읽기 편하게 메모를 해 주고, 곧바로 전화 회신을 해 주며, 여럿이
사용하는 진열장을 정리해 주는 등 알게 모르게 신경을 써 주는
부분에 대해 "저는 알고 있어요!"라고 응원을 보내자. 상냥한 인
품에 중점을 두면 칭찬하기가 쉬워진다.

③ '존경할 수 있는 점'을 칭찬한다
책을 많이 읽거나, 건강 관리에 힘을 쓰고, 항상 냉정함을 잃지 않
는 등 모든 사람에게는 반드시 존경받을 만한 점이 있기 마련이
다. 또한 그 포인트는 상대가 중요하게 생각하는 지점이기도 하
다. 이러한 부분을 칭찬해 주면 "당신이 중요하게 생각하는 것을
알고 있습니다."라는 메시지를 전달하는 셈이 된다.

④ '의외의 부분'을 칭찬한다
멋을 잘 내는 사람에게 '멋쟁이'라고 말하는 것은 누구나 할 수 있
다. 외모에 특징이 있는 사람에게는 내면의 장점, 성격이 좋은 사
람에게는 외모의 장점 등 의외의 부분을 칭찬하자.

함께 있으면 즐거운 사람, 함께 있으면 피곤한 사람

⑤ '노력하고 있는 것'을 칭찬한다

결과뿐만 아니라 업무나 집안일, 육아, 공부 등 평소에 노력하는 과정에 대해서도 칭찬해 주자. 그 노력을 통해서 일어난 변화나 성과를 지켜보고 있다는 응원의 의미도 담아서.

일상 속에는 칭찬할 포인트가 가득하다. 상대를 유심히 관찰하고 좋은 점을 찾아내는 습관을 들이는 것이 칭찬 고수의 마음가짐이다. 보이지 않는 부분도 끌어내서 칭찬해 주자.

칭찬이 서툴더라도
걱정할 필요는 없다

3

"미안해. 네가 아주 좋은 사람이라는 사실을 너무 늦게 깨달았어."

상대를 칭찬하면 분위기가 단번에 화기애애해진다. 그러나 칭찬
을 하고 싶어도 칭찬이 서툴거나 무엇을 칭찬해야 할지 모르는
사람도 많다. 막상 칭찬을 하려고 하면 이것저것 생각이 많아져
서 말이 잘 나오지 않기 마련이다. 이렇게 칭찬이 서툰 사람은 칭
찬을 하자고 의식하기보다는 상대에게 관심을 갖고 관찰하며 이
야기를 귀담아 듣는 것부터 시작하면 좋을 것이다.

어떤 사람에 대해 잘 알고 있다고 생각하지만 사실은 제대로
알지 못할 때가 많다. 호의를 갖고 틀림없이 좋은 점이 있을 거야,
라는 생각으로 그 사람의 겉모습이나 성격, 사고방식, 행동 등을
관찰하면 반드시 칭찬 포인트가 발견될 것이다. 그런 부분을 "역
시 대단해요.", "그런 것, 참 좋아해요.", "존경합니다."라고 솔직하

게 이야기하면 된다.

　칭찬에도 신선도가 있다. 어느 시점에 발견한 칭찬 포인트를 나중에 전하려 하면 칭찬의 의도가 제대로 전달되지 않는다. '이건 멋진데.'라고 생각했을 때 곧바로 느낌을 전하자. 이것이 칭찬의 중요한 요소다. 재치 있는 말, 근사한 말은 필요 없다. 간단한 말로도 충분하다. 오히려 짧고 단순한 말이 마음에 닿는다.

　내게는 항상 내 말을 들어 주고 칭찬을 해 주는 친구가 있다. 그친구와 있으면 마음이 편안해져서 만날 때마다 나도 모르게 "내 이야기 좀 들어 줄래?" 하고 부탁하기만 했는데, 어느 날 문득 깨달았다. 그 친구의 '들어 주고 칭찬하는' 재능이 참으로 대단한 것이며 그 덕분에 내가 지금까지 마음의 위안을 얻어 왔다는 사실을. 그래서 내가 깨달은 점을 솔직하게 이야기하자 그 친구는 눈물을 글썽이며 좋아했다. 그 모습을 보면서 좀 더 일찍 그 친구의 따뜻한 마음을 알아차렸어야 했다는 생각이 들었다.

　타인의 좋은 점을 관찰하려 하면 신기하게도 자신이 있는 장소나 주위의 다양한 것들, 그리고 자신의 내부에서도 좋은 점을 발견하게 된다. 좋은 점을 찾아내고 아름다운 것을 탐지하는 안테나는 모든 방향에서 나를 편안하게 해 주는 주파수를 감지하려 하기 때문이다.

　타인을 칭찬하는 것은 상대를 기쁘게 할 뿐만 아니라 나 자신의 인간성과 인생을 풍요롭게 만드는 길로 이어짐을 기억해 두기 바란다.

그 사람의 결점이
'칭찬 포인트'가 된다

4

"당신의 그런 점이 좋게 보일 때도 있어요."

어떤 사람을 칭찬하고 싶지만 그 사람의 안 좋은 점만 눈에 들어오는 경우도 있다. 매일 얼굴을 마주하는 동료에게서 '저 사람은 왜 저럴까?' 싶은 점만 보이고, 결혼 전에는 그렇게도 멋지던 남편이 결혼 후에는 후줄근해 보여서 넌더리가 나는 경우가 있을지도 모른다.

사람에게는 자신의 몸을 보호하고 생명을 유지하기 위해 자신에게 유리한 것보다는 불리한 것을 먼저 감지하고 기억하는 동물적 본능이 있다고 한다. 우호적인 환경보다는 위험 요소를 먼저 알아차리는 것이다. 그런 식으로 나쁜 점 한 가지가 눈에 띄면 그것에 신경을 쓴 나머지 좋은 점은 보이지 않게 되는 경향도 있다.

인간의 성질에는 앞면과 뒷면이 있으며, 어느 쪽에서 보느냐에 따라 장점이 될 수도 있고 단점이 될 수도 있다. 상대의 성질을 바꿀 수는 없으므로 좋은 측면을 보고 장점을 칭찬해 주는 편이 상대도 기분이 좋고 나도 마음 편하게 지낼 수 있는 방법이다. 사소한 것까지 시끄럽게 참견하는 상사에게 "항상 세심하게 지적해 주셔서 감사합니다."라고 말하면 그 상사의 참견이 어느 정도는 약해질지도 모른다. 또한 무뚝뚝한 사람에게는 '쿨하다.'고 칭찬하고, 제멋대로인 사람에게는 '당신만의 색깔을 갖고 있다.', 마마보이에게는 '효심이 지극하다.', 일벌레에게는 '언제나 열심히 일한다.'와 같이 얼마든지 다르게 표현할 수 있다.

얼마 전에 한 친구가 필름이 끊길 정도로 술을 마시는 지인을 이런 식으로 칭찬했다.

"나는 네가 인사불성이 될 때까지 마시는 점이 좋아. 그 정도로 취할 수 있는 건 뒤가 켕길 만한 일을 한 적이 없고 주위 사람들을 믿는다는 증거잖아? 그래서 나도 너를 믿을 수 있게 되었어."

이렇게 칭찬할 수도 있구나 하는 감탄이 들면서 나까지 기분이 즐거워졌다.

칭찬의 고수는 단점을 장점으로 만드는 변환의 고수이기도 하다. 어떤 상황이 닥쳐도 좋은 방향으로 변환시킬 수 있는 사람은 어떤 환경에서나 밝은 기분으로 즐겁게 살 수 있을 것이다.

만약 여러분에게 도저히 칭찬할 수 없는 사람이 있다면 그 사람이 무엇인가를 해 주었을 때 "고마워."라는 감사의 말부터 시작해 보도록 하자. "고마워."는 최대의 찬사다. 여러분의 존재를 고맙고 둘도 없이 소중한 존재로 인식시키는 말이다. 감사의 말을 반복하면 점점 마음이 온화해지며 상대의 좋은 점도 깨닫게 된다. 칭찬은 인간관계도 새롭게 만들어 준다.

함께 있으면 즐거운 사람, 함께 있으면 피곤한 사람

처음 만난 사람을
칭찬하기란 쉽다

5

"편안하게 다가갈 수 있는 분이어서 안심이 되네요."

처음 만난 사람, 잘 모르는 사람을 칭찬하는 것은 간단하다. 다만 "가방이 멋지네요.", "몸매가 좋으시네요." 등의 말로 억지로 칭찬하려고 하면 왠지 인사치례처럼 느껴져서 이후에 대화가 이어지지 않기도 한다. 그래서 그 다음에 이어지는 '한마디'가 필요한 것이다.

칭찬이 인사치례나 빈말이 아니라 마음이 담긴 말로 느껴지며 게다가 즐겁게 대화를 지속할 수 있도록 만들어 주는 간단한 테크닉이 있다.

① 소지품이나 겉모습뿐만이 아니라 그 사람의 '인상'을 칭찬한다
"가방이 멋지네요."라는 칭찬도 분명히 좋은 것이기는 하지만, 그

다음에 "○○ 씨의 화려한 분위기와 잘 어울려요."라고 덧붙여서 그 사람 자체를 칭찬하면 상대방은 더욱 기분이 좋아진다. 또한 "쉽게 다가갈 수 있는 분이어서 안심했습니다.", "눈을 반짝이며 열정적으로 말씀하시는 모습을 보니 저까지 기운이 솟네요." 등 등 느낀 인상을 자신의 표현으로 말해 주면 더욱 기억에 남는다.

타인이 바라본 인상이나 분위기는 사실 본인에게는 잘 보이지 않는 것이다. 그래서 내가 다른 사람에게 어떻게 보일지는 누구에게나 최대의 관심사다. 칭찬을 받으면 쾌감 물질인 도파민이 분비된다고 하는데, 자신이 미처 깨닫지 못했던 자신에 대해 알게 되면 도파민이 최대로 분비되어서 즐거운 기분이 된다. 나는 "부드러운 목소리가 인상적이네요." 등 목소리를 칭찬받는 일이 가끔 있는데, 그럴 때마다 굉장히 기쁘다. 내가 듣는 나의 목소리와 타인이 듣는 나의 목소리가 다르다는 말을 들었기 때문에 '그렇게 들리는구나.'라는 생각에 안심도 되고 기분이 좋아진다.

② 칭찬을 한 뒤에 '질문'을 추가한다

"몸매가 좋으시네요."라고 칭찬한 뒤에 "무슨 운동을 하고 계신가요?"라고 물어보면 "아니요. 하고 있는 건 없어요. 예전에 요가를 조금 하기는 했지만요.", "요가가 참 좋지요." 같은 식으로 대화가 이어지며, 게다가 대화 속에서 자연스럽게 칭찬을 할 수 있다.

"피부가 고우신데, 특별한 미용법이 있나요?", "일과 육아를 같이 하고 계신다니 훌륭하시네요. 시간을 효과적으로 이용하는 비결이 뭔가요?" 등 무엇이든 흥미를 갖고 물어보면 된다. 그러면 상대는 '내게 관심을 가져 주는구나.'라고 생각할 것이다.

칭찬의 목적 중 하나는 대화를 즐겁게 만드는 것이기도 하다.

잘 아는 사람에게 건네는
최고의 칭찬은 "고마워"

6

"고마워. 이렇게 내 곁에 있어 주어서……."

가까운 사람일수록 칭찬을 아끼지 말아야 한다. 실제로 그 사람은 당신으로부터 가장 칭찬받아 마땅한 존재다. 다만 친한 사이끼리 갑자기 칭찬하려고 하면 상대가 어색해하면서 "왜 그래? 너 나한테 뭐 잘못한 거 있어? 아니면 필요한 거라도 있는 거야?"라며 의심의 눈초리를 보낼지도 모른다.

잘 아는 사람에 대한 최고의 칭찬은 바로 "고마워."다. 다만 평소에 자주 사용하지 않는 까닭에 무성의하게 들리기 쉽다. 자신의 언어로 칭찬함으로써 마음을 담자. 그 비결은 다음 두 가지다.

① "고마워." + "나는 ~이 되었어."로 칭찬한다
일을 도와준 동료에게 "고마워. 네가 있어서 참 마음이 든든해.",

역까지 자동차로 데려다 준 가족에게 "고마워. 덕분에 늦지 않겠어.", 상담에 응해 준 친구에게 "고마워. 너하고 이야기하면 기운이 생겨." 등 상대가 있어 주어서 '나는 ~이 되었다.'는 형식으로 상대의 영향력을 직설적으로 전하면 더욱 감정이 깃든다.

"고마워."라는 말은 많이 쓸수록 좋다. 아무리 사소한 일이라도 "고마워."를 수없이 반복하자. 그러면 상대의 좋은 점을 확인할 수 있어서 상대가 더욱 소중하게 느껴질 것이다.

② 당연한 것일수록 "고마워."라고 말한다

상대가 무엇인가를 해 주었을 때뿐만 아니라 아무 일도 없는 평온한 때에도 고마운 상황이 존재한다. 가족에게 "항상 응원해 줘서 고마워.", 동료에게 "네가 도와준 덕분에 휴가를 얻을 수 있었어. 고마워."라고 말해 줄 수 있다. 문득 깨달았을 때 말하거나, 대화 속에서 말하거나, 이메일의 끝부분 또는 생일 메시지에 추가하는 방법으로 전할 수 있다. 따로 기회를 내서 말하는 것이 아니라 자연스럽게 전하는 것이 가장 좋다.

당연한 듯이 보내고 있는 생활, 당연한 듯이 지내고 있는 시간이 유한한 것임을 의식하면 지금 가까운 곳에 있는 사람, 가지고 있는 것에 감사하며 최대한 즐겁게 살자는 생각이 들 것이다. 자신을 뒷받침해 주고 있는 '~덕분'을 의식하는 것은 상대의 생명은 물론이고 자신의 생명도 더욱 빛나게 한다.

"너라면 할 수 있어"라고 말해 주면
누구나 성장한다

7

"너에게 이런 능력이 있었다니, 깜짝 놀랐어."

칭찬은 다른 사람을 움직인다. 고래도 춤추게 만든다고 하지 않던가.

관리직으로 일하는 T 씨는 '사람을 치켜세워서 나무를 타게 하는' 솜씨가 매우 뛰어난 사람이다. 부하 직원에게 화를 내서 압박감을 주거나 규정에 입각해서 엄격하게 관리하는 것이 아니라 칭찬하고 치켜세워서 어느새 상대가 기분 좋게 움직이도록 만드는 것이다.

일을 잘한 사람에게는 이렇게 말해 준다.

"역시 ○○이군. 자네처럼 우수한 직원이 있어서 정말 다행이야."

조금 실수를 했을 때는 이렇게……

"이번에는 이 부분이 아쉬웠지만, 이 부분은 참 좋았어. 다음에는 더 잘할 수 있을 거야."

청소원에게도 칭찬을 아끼지 않는다.

"항상 꼼꼼하게 청소를 해 주시는 덕분에 사무실이 깨끗해서 기분이 좋습니다."

나도 잘 아는 T 씨의 비서는 이렇게 말했다.

"T 씨에게 '자네라면 할 수 있어.'라는 말을 들으면 무슨 일이든 할 수밖에 없다는 생각이 들어. 원래는 2~3년만 하고 이 일을 그만둘 생각이었는데, T 씨의 부추김에 넘어가서 벌써 15년째 하고 있다니까!"

틀림없이 주위 사람들은 T 씨의 칭찬에 도움을 받고 자신감을 얻어 왔을 것이다. 부탁하지도 않았는데 아침 일찍 출근하는 사원, 먼 곳에서 부임해 혼자 살고 있는 T 씨의 생활을 걱정해 반찬을 챙겨 주는 아주머니 군단도 있다던가. 남녀 모두에게 인기가 많은 T 씨뿐만 아니라 주위 사람들도 항상 웃음을 잃지 않으며 밝은 직장 분위기 속에서 즐거운 하루하루를 보내고 있을 것이다.

연인이나 남편에게 칭찬받는 여성은 자연스럽게 노력한다. "예뻐."라는 말을 들으면 실제로 점점 예뻐지고, "네 요리가 최고야."라는 말을 들으면 손이 많이 가는 요리에도 도전하려 한다. '아이는 칭찬으로 키운다.'라고 하는데, 어른도 칭찬을 받으면 성장한다. 누구나 칭찬을 받으면 즐거워져서 신나게 나무를 타는 것이다. 설령 '부추김에 넘어간 건가?'라는 생각이 들더라도 기쁜 것은 기쁜 것이다. 그리고 칭찬을 받음으로써 생겨난 작은 자신감이 원동력이 되어서 커다란 결과를 만들어 내기도 한다.

습관적으로 다른 사람을 칭찬하자. 칭찬하면 마음이 밝아지고, 자연스럽게 주위에도 밝은 분위기가 전염된다. 칭찬해 주는 사람과 함께 있으면 모두가 즐거워지는 것이다.

함께 있으면 즐거운 사람, 함께 있으면 피곤한 사람

남성의 용기를 북돋워 주는
여성의 칭찬 한마디
8

"이렇게 대단하신 분인 걸 미처 몰랐어요."

"우와! 역시 ○○ 씨는 모르는 게 없으시네요."

"아니, 뭐 그 정도는……."

여성에게 이런 식으로 칭찬을 받아서 부끄러워하면서도 기쁜 표정을 짓는 남성을 본 적이 있을 것이다. 남성은 작은 칭찬에도 큰 기쁨을 느낀다. 여성들 사이에는 서로 칭찬해 주는 문화가 어느 정도 형성되어 있지만, 남성들 문화에서는 칭찬에 인색하기 때문에 누군가로부터 칭찬을 들으면 어쩔 줄 몰라 하면서도 인정받았다는 뿌듯함을 느끼게 되는 것이다. 이처럼 남성은 인정받고 칭찬받으면서 성장하는데, 칭찬해 주는 여성이 압도적으로 부족한 것이 현실이다.

현대 사회의 구성원들은 스트레스가 많으며 자신감을 잃는 상황에 자주 맞닥뜨린다. 그래서 아버지, 남편, 상사, 동료, 친구…… 어떤 관계든 칭찬을 해 주면 힘을 얻고 기뻐하는 것이다.

수렵을 하던 시대부터 오늘날의 경쟁 사회까지 강하고 믿음직한 남성이 여성의 선택을 받아 왔기에 남성들은 주위의 평가에 신경을 쓰지 않을 수 없다. 그래서 남성은 남자의 자존심을 충족시켜 주는 여성을 좋아한다. 본능적으로 여성에게 존경받기를 바란다. 가령 이런 식이다. '나라는 남자는 여자를 기쁘게 하고 도와주는 멋진 존재야.'

남성에게 함께 있으면 즐거운 여성이 되기 위해 특별한 행동을 할 필요는 없다. 작은 칭찬이면 충분하다. 남성은 어느 정도 자존심을 채우고 나면 '나도 아주 형편없지는 않아.'라며 내일을 살아갈 활력으로 삼아서 다시 노력하기 시작한다.

다만 남성을 칭찬할 때 '네네, 칭찬해 드릴게요.'라는 식으로 적선하는 태도는 절대 금물이다. 상대는 그런 태도를 금방 알아차린다. 남성은 그런 부분에 대단히 민감하고 섬세하다. "잘했어요.", "대단해요."는 아이를 칭찬할 때 쓰는 말이다. "멋져요.", "역시!", "믿음직해요."처럼 '히어로'에게 바치는 말이 적당하다.

남성이 멋진 모습을 보이거나 도움을 주었다면 그것을 확실하게 칭찬하자. 작은 것이라도 새롭게 발견한 점이 있으면 아낌없이 칭찬하자. 여러분이 남성을 솔직하게 칭찬할 수 있게 된다면 그 남성은 여러분을 함께 있으면 즐거운 사람으로 인식하고 다양한 상황에서 버팀목이 되어 줄 것이다.

함께 있으면 즐거운 사람, 함께 있으면 피곤한 사람

여성끼리의 번거로운 '칭찬주고받기'는 편안한 마음으로 임하자

9

"뭐야? 아직 이렇게 예쁜 채로 있어도 되는 거야?"

남녀의 차이에 대해서 적은 이런 문장을 본 적이 있다.

'남자끼리는 서로 험담을 하지만, 진심으로 그렇게 생각하지는 않는다. 여자끼리는 서로 칭찬을 하지만, 진심으로 그렇게 생각하지는 않는다.'

이것을 읽고 나는 '일리가 있네.'라고 고개를 끄덕였다. 분명히 여성끼리 서로 칭찬하는 것은 칭찬 자체가 목적이 아니라 그 순간을 즐기고 좋은 인간관계를 만들기 위한 커뮤니케이션일 때가 많다.

여러분은 동창회 등에서 오랜만에 만난 친구와 인사를 대신해 "너 여전히 젊어 보인다. 무슨 비결이라도 있는 거니?", "에이, 그 정도는 아니야. 너야말로 여전히 예쁘네."라며 칭찬을 주고받았던 경험이 없는가? 직장 동료나 자녀의 친구 엄마와 점심을 먹을 때 그 자리에 없는 사람의 험담을 하다가 "○○ 씨가 제일 믿음직해."라며 서로를 칭찬한 경험은 없는가? 그런 광경을 보고 "정말 그렇게 생각해?"라고 태클을 걸고 싶어지는 경우도 있을지 모른다. "혼자 자유롭게 사는 네가 정말 부러워. 나는 아이들 키우느라 하루하루가 전쟁이라니까."같이 상대를 칭찬하면서 무의식중에 마운팅(자신의 처지가 낫다고 주장)을 하는 경우도 있다.

이와 같이 인사치레라고도 할 수 있는 칭찬 주고받기는 객관적으로 보면 속이 빤히 들여다보여서, '여자들의 인간관계는 정말 번거롭네.'라고 느낄 때도 있을지 모른다. 그러나 그러면 또 어떤가? 칭찬을 하고 칭찬을 받으면 그 자리의 분위기가 부드러워진다. 여성에게는 '나와 친하게 지내자.'라는 가벼운 커뮤니케이션이 필요한 것이다.

즐거운 코미디 영화를 보듯이 마음 편하게 생각하면 된다. '칭찬해 줘야 해.', '칭찬을 받았으니 돌려줘야 해.'라고 생각하며 의무적으로 칭찬하려고 하니까 피곤해지는 것이다. 칭찬하고 싶을 때만 칭찬하면 되고, 칭찬을 돌려줄 마음이 들지 않을 때는 "고마워. 네가 칭찬해 주니까 정말 기뻐!"라고 감사를 표시하고 거리를 두어도 좋다. 사이좋게 지내고 싶은 사람의 이야기를 귀 기울여 듣다 보면 칭찬의 말이 자연스럽게 나올 것이다.

여성에게 칭찬은, 말하자면 원활한 커뮤니케이션을 위한 윤활유다. '칭찬해야 해!'라고 애쓰지 말고 '대화를 즐기자.'라는 자세로 있으면 상대방의 좋은 점을 술술 말할 수 있게 되어 서로를 '함께 있으면 즐거운 사람'으로 느끼게 될 것이다.

세 명 이상이 함께 있을 때
대화를 흥겹게 만드는 칭찬 방법
10

"사실은 말이야, 그 사람한테 도움을 받은 적이 있어."

여러 사람과 이야기를 나눌 때 칭찬을 받으면 기쁘기 마련이다. 칭찬해 준 사람뿐만 아니라 그 자리에 있는 다른 사람들도 "맞아, 맞아!"라고 맞장구를 쳐 주면 그 '칭찬'이 인증을 받은 것 같아 자신감도 생긴다.

다만 칭찬하는 사람은 그 상대뿐만 아니라 그 자리에 있는 모든 사람을 배려하며 칭찬할 필요가 있다. 여럿이 있는 자리에서 한 명만 칭찬을 하면 '왜 저 사람만 칭찬하는 거지?', '나도 ~인데……'라고 생각하는 사람이 생기지 않을까? 여성의 경우 어떤 특정한 사람만 칭찬을 받고 자신은 칭찬받지 못하면 '나는 그렇지 않다는 건가?'라고 오해할 수 있다. 물론 다른 사람까지 의무적으로 칭찬하려 하면 부자연스러운 칭찬 주고받기가 되어 버릴

함께 있으면 즐거운 사람, 함께 있으면 피곤한 사람

지도 모른다.

　이때 다른 사람도 기분 좋게 칭찬하고 대화도 흥겨워지도록 만드는 방법이 있다. 세 명 이상이 있을 경우 다른 사람들은 모르는 일화를 설명하며 칭찬하는 것이다. 이를테면 단순히 "○○ 씨는 재치가 있어."라고 말하기보다 "요전에 ○○ 씨가 ~한 상황에서 재치를 발휘해 문제를 해결해 주었어."라고 이야기하면 다른 사람들도 흥미 있게 들을 것이며, "정말? 대단하네."라고 공감해 주거나 "그러고 보니 나도 비슷한 느낌을 받은 적이 있었어."라며 새로운 일화로 대화를 더욱 흥겹게 만들어 줄 것이다. 또한 친한 사이라면 "이래 보여도 ○○ 씨는 매실장아찌나 절임을 직접 담가요."와 같이 살짝 놀리면서 의외의 사실을 소개하는 것도 효과적이다. 그러면 누군가가 "이래 보여도 ○○ 씨는 정말 여성스러운 분이에요."라고 맞장구를 쳐 주거나 "저도 담가 보고 싶은데, 담그는 법을 가르쳐 주시겠어요?"라고 부탁하는 등 이야기가 발전한다. 다른 사람들에게 "뭔가 직접 만드시는 게 있나요?"라고 물어봐서 발언 기회를 줄 수도 있다. 칭찬이 모두가 즐거워지는 대화의 기반이 되는 것이다.

　그곳에 없는 사람을 칭찬하는 것도 좋다. 가령 "○○ 씨는 책임감이 정말 강한 분이어서 아침에 제일 먼저 출근해요."같이 직접 말하기 어려운 사람됨에 관한 칭찬이 제삼자를 통해 당사자에게 전해지면 칭찬을 받은 상대도 '나를 그렇게 평가해 주는구나.'라며 기뻐하기 마련이다.

다만 주의해야 할 점은 칭찬하는 대상에게 호의적인 사람들의 모임에서 칭찬해야 한다는 것이다. 기왕 칭찬을 하려면 효과적으로 하자. 모두가 동의해 준다면 칭찬받은 상대의 기쁨은 두 배, 세 배가 될 것이다.

함께 있으면 즐거운 사람, 함께 있으면 피곤한 사람

칭찬받으면 기뻐하되
칭찬받기를 기대하지는 말자

11

"저 사람의 좋은 점을 칭찬했으면, 그걸로 끝!"

나는 다른 사람을 적극적으로 칭찬하더라도 반드시 내가 다른 사람으로부터 칭찬을 받을 수 있는 것은 아니다. 그러므로 상대에 대해 '나를 좀 더 칭찬해 줘도 되는 거 아냐?'라는 생각은 하지 않는 편이 좋다.

어떤 관리직 친구가 이런 고민을 털어놓은 적이 있다.

"부하 한 명이 나를 찾아와서는 자기는 죽어라 열심히 일하고 있는데 칭찬해 줘도 되지 않느냐면서 울더라고. 내 딴에는 칭찬해 줬다고 생각했는데…….."

상사인 친구의 칭찬하는 방식에도 문제가 있었겠지만, 그 부하 직원이 '칭찬'을 요구하는 것에도 어느 정도는 문제가 있다. 요즘은 '아이는 칭찬으로 키워라.'라고 해서 어머니도 선생님도 아이를 칭찬해 의욕을 북돋우고 성장시키려 하는 모양이다. 물론 그 방침 자체에 문제가 있는 것은 아니다. 그러나 그렇게 성장한 아이들이 사회에 진출하면 '왜 칭찬해 주지 않는 거지?'라고 생각하거나 상사가 "그거 괜찮네."라고 칭찬해도 그 정도의 칭찬에 만족하지 못하고 '조금도 칭찬해 주지 않아.'라고 생각한다. 또한 조금만 질책을 받으면 인간성까지 부정당했다고 느껴 심하게 풀이 죽기도 한다.

자신이 한 일이나 자신의 가치가 타인의 평가와 일치할 수 없다는 사실을 받아들여야 한다. 그러므로 칭찬받으면 기뻐하되 칭찬받기를 기대하지는 않는 편이 좋다. '나는 내가 좋아서 이 일을 하고 있어.', '오늘은 성과가 있었으니 만족해.'와 같이 자신의 즐거움이나 만족을 추구하고 그것을 자신의 평가로 삼는 편이 행복한 인생을 살 수 있게 할 것이다. '칭찬'은 그 뒤에 따라오는 덤 같은 것으로, 있을지 없을지는 알 수 없다. 다만 그것이 따라온다면 인생에서 커다란 기쁨과 성장으로 이어질 것이다.

또한 칭찬받은 사람이 그것을 어떻게 받아들이느냐, 어떻게 반응하느냐에 따라 '칭찬'의 만족도가 달라진다. 칭찬을 받은 사람이 "고마워!", "정말 기뻐!"라고 솔직하게 기쁨을 표시해 주면 칭찬한 사람은 '아아, 칭찬해 주기를 잘했구나.'라고 안도하거나 '이 사람과 친하게 지낼 수 있을 것 같아.'라고 생각하기 마련이다. 반응 하나에서도 상대는 여러 가지 정보를 수집한다. 그러니 작은 칭찬을 받았을 때도 있는 힘껏 기쁨을 표현하자.

함께 있으면 즐거운 사람, 함께 있으면 피곤한 사람

인정해 주는 사람이
성장을 돕는다
12

"당신 덕분에 저의 오늘이 참으로 편안했습니다."

칭찬해 주는 사람과 함께 있으면 즐겁기 마련이다. 그런데 여기
서 조금 발전한 형태인 '인정해 주는' 사람이 곁에 있다면 즐거울
뿐만 아니라 성장하는 희열까지 맛볼 수 있다.

내 경우, 부모님에게 칭찬을 받은 적이 거의 없었다. 그러나 다
른 가정은 어떤지 알지 못했기에 그것이 정상일 것이라고 생각해
서 특별히 불만을 느낀 적도 없었던 것 같다. 다만 때때로 어머니
가 이런 식으로 칭찬해 주셨다.

"네가 열심히 공부해서 성적이 올랐다는 이야기를 선생님에게
들었다. 난 네가 자랑스럽구나."

"네가 밥공기를 씻어 준 덕분에 내가 야근을 마치고 돌아와서
기분 좋게 잘 수 있었단다."

요컨대 "나는 ~였다."라고 당신이 기뻤던 점, 도움을 받은 점을 말씀해 주셨다. 매우 드문 일이었기에 '야호! 엄마가 좋아해 주셨어!'라며 크게 기뻐했던 기억이 난다. 어머니는 나를 '칭찬해 주셨다'기보다 '인정해 주셨던' 것이다. 단지 "좋았다."라고만 말하는 것이 아니라 "'나'에게 도움이 되었다."와 같이 주어가 '나'이고 어떤 효과가 있었는지를 구체적으로 알려 주었다. 그래서 어린 마음에도 어렴풋이 뿌듯함을 느꼈던 것이리라.

지금 생각하면 "참 잘했어요.", "착한 아이네."같이 안일하게 칭찬하는 것이 아니라 "나는 ~였다."라고 그 효과를 알려 줌으로써 '그렇구나. 이렇게 하면 사람들에게 도움이 되는구나.'라는 구체적인 상황과 함께 타인과 교류하는 방법을 가르쳐 주신 것이 아닐까 싶다. 어머니의 그런 교육 방식이 좋았는지 나빴는지는 잘 모르겠지만.

사회인이 되어서도 나는 수시로 직업을 바꾸었고, 칭찬받는 일은 거의 없었지만 어떤 직장에서나 이곳에서 사람들에게 도움이 되려면 어떻게 해야 할까 궁리하는 습관이 생겼다. 사람들에게 도움이 되면 칭찬받지는 못하더라도 나 혼자 '잘했어.'라고 생각하고, 도움이 되지 못한 것 같으면 '다른 방법을 찾아보자.'라며 시행착오를 거듭했다. 그리고 나의 어떤 점이 사람들에게 도움이 되는가를 진지하게 생각했다. 잘 되지 않을 때도 많았지만, 그러는 사이에 내가 걸어갈 길을 발견했다.

'칭찬하는' 것은 다소 위에서 내려다보는 시선의 평가인지도 모른다. 윗사람을 "당신 대단해."라고 칭찬하는 일은 없으니 말이다. '인정하는' 것은 같은 눈높이에서 "나는 당신의 ~이 기쁘다.", "도움이 되었다."라고 그 가치에 보증서를 발행하는 것이다. 누구나 할 수 있다. 이처럼 '인정해 주는 사람'이 '성장시켜 주는 사람'임은 틀림이 없다.

나를 꾸짖는데도
싫지 않은 사람이 있다

13

"그건 옳지 않은 것 같아. 다시 한 번 생각해 봐."

고등학교에서 배구를 하는 조카의 연습 경기를 보러 간 적이 있다. 그런데 그곳에서 나는 도저히 믿기 힘든 광경을 목격했다. 호랑이처럼 무서운 감독이 경기나 연습을 하는 동안 몇 시간씩 선수들을 심하게 몰아붙이는 것이었다. "너 대체 뭐하는 거야!", "너 바보냐?", "배구는 마음으로 하는 거야, 마음으로!"라고 소리를 질러대는데, 보고 있는 내가 몸이 부들부들 떨리고 눈물이 나올 정도였다. 경기에서 실수를 한 선수에게 1시간 동안 코트의 가장자리를 달리도록 명령하기도 했다.

그곳에 있었던 다른 학부형에게 "저 감독은 칭찬은 안 해 주나요?"라고 물어보자, "거의 안 해요. 이백 번 꾸짖으면 한 번 칭찬해 주는 정도일까요?"

함께 있으면 즐거운 사람, 함께 있으면 피곤한 사람

이야기를 들어 보니, 체육 교사이기도 한 그 감독은 배구를 떠나서는 학생들과 함께 여흥을 즐기기도 하고 학교 축제에서는 재미있는 아이디어를 내기도 하는 등 즐길 줄도 아는 좋은 사람이라고 한다. 그래서 선수들은 그렇게 꾸지람을 들으면서도 즐겁고 상쾌한 표정을 짓고 있는 것이다. "그러니까 사랑이 있는 사람이군요."라고 말하자 그 학부형은 "맞아요!"라고 대답했다. '우리를 생각해 주는구나.'라고 실감할 수 있으면 칭찬하는 사람뿐만 아니라 꾸짖는 사람에게도 사람들이 모여든다는 사실을 깨달은 순간이었다.

칭찬해 주는 사람뿐만 아니라 꾸짖어 주는 사람, 충고해 주는 사람 또한 사람을 성장시켜 준다. 인간관계가 희박해지고 있는 오늘날에는 그런 사람이 줄어들고 있기에 더더욱 귀중한 존재다. 나도 질책과 충고를 해 주는 사람들과는 최대한 가까이하려고 노력한다. 옆에서 지켜봐 주고 칭찬도 해 주지만, 내가 게으름을 피우거나 잘못된 방향으로 나아가려 하면 "그러면 안 돼."라고 단호하게 말해 준다. 내가 성장하는 데 꼭 필요한 존재라고 생각하기에 함께 있을 기회를 늘리려고 애쓴다.

질책이나 충고를 솔직하게 받아들일 수 있으려면 '나를 위해서 해 주는 말이구나.'라는 실감과 존경, 신뢰가 전제로 깔려 있어야 한다. 꾸짖거나 충고하는 것이 익숙하지 않은 사람에게는 "이 부분은 좋지 않아. 하지만 나머지는 좋다고 생각해. 너라면 할 수 있어."와 같이 칭찬이나 기대 등과 세트로 만들어서 꾸짖으면 좋을

것이다. 애정을 갖고 좋은 점과 그렇지 않은 점을 모두 말해 줄 수
있으면 상대도 '이 사람과 함께 있고 싶어.'라고 생각하게 되지 않
을까?

함께 있으면 즐거운 사람, 함께 있으면 피곤한 사람

작은 것에 감동해 주는 사람과는
친하게 지내고 싶어진다
14

"이처럼 작은 것에 감동할 줄 아는 당신은 아름다운 사람."

칭찬의 고수는 작은 일에도 감동할 줄 안다.

내 시골집을 찾아와서 굉장히 감동해 주는 사람이 몇 명 있었다. 동료 작가인 O 씨는 집을 보더니 "이런 집, 제 이상(理想)이에요. 여기에서 집필을 하면 상상력이 풍부해지겠죠?"라고 감동했고, 풍경을 보고는 "너무 아름다워요. 영화에 나오는 풍경 같아요."라고 감동했다. 또한 내가 "이 동네의 물은 맛있기로 유명해요."라며 수돗물을 대접하자 단숨에 컵을 비우고 한숨 돌린 뒤에 "이렇게 맛있는 물은 오랜만이네요. 매일 이 물을 마실 수 있다니 행복하시겠어요."라며 크게 감동했다.

시골집에서 하룻밤을 묵고 간 요리 연구가 M 씨는 아침에 닭이 갓 낳은 달걀로 직접 계란프라이를 만들고는 "이렇게 신선하고 맛이 진한 달걀을 먹을 수 있다니 행복해."라며 감동했고, 밭에서 바로 따 온 채소를 이 지역에서 만든 된장에 찍어서 먹고는 "와, 이거 굉장하네. 배추하고 피망을 생으로 먹는 게 이렇게 맛있는 줄은 나도 처음 알았어."라고 호들갑을 떨면서 감동했다.

이런 식으로 곧장 눈앞에서 감동해 주면 이쪽도 기분이 좋아져서 "저만 아는, 경치가 굉장히 좋은 곳이 있어요."라든가 "이웃의 아주머니가 만들어 주신 절임도 맛있어. 한번 먹어 봐."같이 더 많은 것을 보여 주거나 대접하고 싶어진다.

개중에는 이것저것 둘러보고서도 "흐음……."으로 끝맺는 사람 또한 있다. 다소는 감동했을지 모르지만, 그것을 겉으로 드러내지 않는다면 전해지지 않는다. 그러면 안타깝지만 이쪽도 왠지 더 기분 좋게 해 주려는 의욕이 생기지 않는다.

작은 것에 감동하는 사람은 매우 매력적이다. 내가 쓴 글을 보고 "이 문장이 제 가슴을 날카롭게 찌르는 것 같았어요."라고 하든가 "읽으면서 눈물을 흘렸어요."같이 조금 과장스러울 정도로 감동해 주는 사람이 있으면 다음에도 그런 사람들을 위해서 열심히 글을 쓰자고 생각하게 된다. 감동하는 사람을 접하면 '흥미를 가져 주는구나.', '내가 저 사람들을 기쁘게 할 수 있구나.'라고 느낄 수 있기 때문일 것이다.

주변에 있는 사람들에 대해 '역시 이 사람은 대단해.'라고 감동하는 사람, 자신이 있는 장소를 '나는 여기가 정말 좋아.'라며 감동하는 사람, 저녁놀을 보고 '오늘은 저녁놀에 물든 구름이 참 아

름답구나.'라고 감동하는 사람과도 함께 있으면 즐거워진다. 이
것은 함께 감동을 맛볼 수 있기 때문이기도 하지만, 주변에 있는
것에 대한 그 사람의 '깊은 애정'이 느껴져 마음이 따뜻해지기 때
문인지도 모른다.

스스로를 칭찬할 줄 아는 사람과
함께 있으면 즐겁다

15

"오늘 하루도 난 참 잘했어."

처음 만났을 때 조금 이야기를 나누어 봤을 뿐인데 '이 사람은 어딘가 달라.'라는 매력이 느껴지는 사람이 있다. 멋스러움이라든가 화려함이라든가 하는 특별함이 아니라 자신의 내부에서 넘쳐나는 '자신감'이나 '희망' 등 눈부신 에너지와도 같은 것을 지니고 있는 사람이다. 자신의 분야에서 쑥쑥 성장하는 사람, 스포츠 등에서 놀라운 결과를 내는 사람, 자신이 좋아하는 일을 하는 사람 중에도 "살아 있는 것이 즐거워서 견딜 수 없어."라고 말하는 듯한, 자연스럽게 솟아나는 에너지를 느낄 때가 있다. 처지나 나이가 어떠하든 그런 사람과 함께 있으면 즐겁기 마련이다. 한편 아무리 대단한 사람, 직함이 높은 사람이라도 거만하거나 왠지 피곤한 사람에게서는 좋은 에너지가 느껴지지 않으며 함께 있어도

함께 있으면 즐거운 사람, 함께 있으면 피곤한 사람

그다지 즐겁지 않다.

　이 에너지의 차이는 어디에서 오는 걸까? 그것은 자신을 믿고 있느냐 아니냐의 차이라고 생각된다. 그런 자신에 대한 신뢰는 처지나 타인의 평가에서 오는 것이 아니라 지금까지 어떤 일을 했고 어떤 식으로 자신을 인정해 왔는가, 칭찬해 왔는가에서 온다. 하지 못한 것을 아쉬워하는 것이 아니라 할 수 있었던 것에 대해 "오늘 참 잘했어."라고 기뻐하고 자신을 칭찬해 준다. 좋지 않은 점을 자책하지 않고 '내게는 이것이 있어.'라며 좋은 점을 인정하고 성장시키려 한다. 실패하더라도 '나이스 챌린지. 이번엔 실패했지만, 다음에는 괜찮을 거야.'라며 미래를 포기하지 않는다.

　타인을 칭찬하듯이 자신을 칭찬해 주면 '나는 틀림없이 할 수 있어.', '나는 즐거운 인생을 살고 있어.'와 같은 식으로 자신을 신뢰하고 미래를 기대할 수 있게 된다. 내가 나 자신을 어떤 사람으로 대했느냐가 나를 형성하는 것이다. 무의식중에 '되고 싶은 자신'에게 걸맞은 사고방식으로 생각하고 걸맞은 행동을 하며 걸맞은 말씨와 표현을 사용하게 된다. 그러면 이것이 매력이 되어서 타인이 봤을 때 '이 사람은 조금 달라.'라는 생각이 드는 것이리라.

　자신을 칭찬할 수 있는 사람은 자신을 사랑하는 사람이며, 스스로 성장할 수 있는 사람이다. 오늘 해낼 수 있었던 것이어도 좋다. 당연해진 것이어도 좋다. 잘하는 것이어도 좋다. 나 자신의 친구가 되었다는 생각으로 나의 좋은 점을 찾아내서 칭찬해 주는 습관을 들이자. 그러면 '되고 싶은 자신'에 조금씩 가까워지고, 인생이 즐거워지며, 타인도 '함께 있으면 즐거워.'라고 생각하게 될 것이다.

7

나를 피곤하게 만드는
사람에게는 이렇게

주변의 불편한 존재를 다루는 기술

함께 있으면 피곤한 사람과는
절대로 싸우지 말자

1

"저 사람과 같이 있으면 기가 빨리는 것 같아."

이번 챕터에서는 우리 주변에 있는 함께 있으면 피곤한 사람에
대한 대처법을 소개하겠다.

우리 주변에는 공격적인 사람, 이야기가 장황한 사람, 부정적
인 사람, 확신이 심한 사람, 위에서 내려다보는 시선으로 대하는
사람 등등 다양한 유형의 '함께 있으면 피곤한 사람'이 있다. 안타
깝지만 인간의 성격은 쉽게 바꿀 수 있는 것이 아니다. 스스로 '이
래서는 안 돼.'라고 의식하고 강한 의지로 바꾸려고 하지 않는 이
상 사람은 변하지 않는다. 함께 있으면 피곤한 사람은 대체로 자
각도 반성도 없기 때문에 오랫동안 피곤한 사람으로 남아 있으
며, 이대로 간다면 당신에게는 계속 피곤한 사람으로 다가올 것
이다(다른 사람에게는 피곤하지 않은 사람일 수도 있다).

그러나 안심하기 바란다. 피곤한 사람이 그다지 신경 쓰이지 않게 되는, 아무런 문제도 생기지 않는 방법이 있다. 그것은 상대의 피곤한 부분에 대한 사고방식과 행동을 바꾸는 것이다. '함께 있으면 피곤한 사람'을 '에너지 뱀파이어'라고 부르는 모양인데, 보통은 평범해 보이다가 어떤 계기를 통해 흡혈귀로 변신하는 뱀파이어라고 생각하면 될 것이다.

뱀파이어와 정면으로 싸워서는 안 된다. 정면으로 반론을 펼치거나 지적하며 싸우려 하면 뱀파이어는 난폭해지며, 이쪽도 감정이 고조되거나 힘이 쭉 빠지는 등 에너지를 빼앗기고 만다. 피곤함이 몇 배로 커지는 것이다.

뱀파이어를 '적'으로 생각해서는 안 된다. 그들이 타인의 피를 빨려고 하는 데는 여유가 없다든가 행복하지 않다든가 하는 어쩔 수 없는 사정이 있다. 진짜 적은 상대가 아니라 '나의 내부에 존재하는 상대에 대한 적의'인 것이다.

그렇다면 어떻게 해야 할까? 그들이 흡혈귀로 변신하지 않도록 슬쩍 피하면 된다. 함께 있으면 피곤한 사람에 대한 대처법이 몇 가지가 있다.

① 나를 피곤하게 만드는 부분을 의식하지 않는다.
② 피곤하지 않을 만큼 거리를 둔다.
③ 앞질러 가서 피곤해질 기회를 줄인다.
④ 피곤해질 것 같으면 이야기나 분위기를 전환한다.

⑤ 피곤하지 않을 때 의견을 말한다.

그러면 지금부터 함께 있으면 피곤한 사람에게 대처하는 방법
을 구체적으로 이야기하겠다.

나를 피곤하게 만드는 부분에
반응하지 않도록 하자
2

"어이쿠, 또 폭풍이 밀려오는군. 잠시 피해 있자."

주위에 피곤한 사람이 있어서 힘들다고 토로하는 사람을 보면, 주위를 배려해서 말이나 행동을 아끼는 사람, 다른 사람들이 나를 이렇게 생각하지 않을까, 하고 신경 쓰는 사람 등 대체로 마음이 착하고 생각이 많은 사람들이 대부분이다.

이 사람들은 자신으로서는 바꾸기가 불가능한 상대와 과거에 집착함으로써 마음과 몸의 에너지를 낭비하고 있는지도 모른다. 그러나 상대가 아무리 피곤한 사람이라 할지라도 그 사람의 성격이나 감정은 우리의 책임이 아니다. 과거 역시 어떻게 해볼 수 있는 것이 아니다. 먼저 이 점을 명확하게 인식해야 한다. 우리가 책임질 것은 '지금, 이곳'이며, 본래의 소중한 것에 주목해야 한다. 주위에 피곤한 사람이 있다고 해서 나의 마음을 피곤하게 만들거나 상처 주지 않도록 조심하자.

기본적으로는 상대의 피곤한 말에 일일이 반응하지 말아야 한다. 무조건 무시하라는 말은 아니고, 예의바르게 행동할 것을 의식하면서 중요한 포인트만 받아들이고 상대의 피곤한 부분은 흘려 넘기면 된다는 말이다. 상대의 감정이나 말은 그 사람의 문제이며 그 사람의 책임이기 때문이다. 우리에게 중요한 문제는 건전한 상태로 지금을 사는 것이다.

그러려면 건강 검진을 하듯이 '나는 지금 ~한 기분이야.'라고 마음의 상태를 확인하는 습관을 들여야 한다. 좋은 기분일 때는 문제가 없지만, 짜증이 나 있거나 풀이 죽었거나 기분이 찜찜해지는 등 부정적인 감정이 솟아났다면 '이 부분은 신경 쓰지 않아도 돼.'라고 제동을 걸고 '지금, 이곳'에서 무엇을 해야 할지에 의식을 집중하자. 본래의 목적이나 눈앞의 일에 집중하는 것이다.

예를 들어 직장에서의 목적은 일을 하는 것이다. 함께 있으면 피곤한 사람이 있더라도 '일, 일을 하자!'라고 기분을 전환하자. 그렇게 집에 돌아와 가족과의 시간이나 취미 시간을 즐기고, 텔레비전을 보거나 책을 읽으면서 웃고 울면 깔끔하게 잊어버릴 것이다.

기분을 억지로 바꾸는 것이 아니라 의식을 다른 곳으로 향하는 것은 '행복해지기 위한 사고방식'으로 불교에서 널리 권장하고 있다. 언제나 무엇인가에 도전하는 사람은 인간관계에 대해 고민을 잘 느끼지 않는데, 그 이유는 마음에도 용량이 정해져 있기 때문이다. 미리 즐거운 일, 기쁜 일로 마음을 채워 놓으면 피곤한 사람에게 불필요하게 반응하는 일도 없어진다.

함께 있으면 피곤해지는 사람을 지나치게 두려워하지 않고 눈앞의 일에 집중하면서 현실적으로 대처하자. '지금'을 살아갈 수 있으면 그 순간부터 사람은 행복해지며 빛을 내기 시작한다.

'좋다·나쁘다'를
쉽게 판정하지 않는다

3

"그래, 저 사람에게는 어쩔 수 없는 사정이 있을 거야."

함께 있으면 피곤하지만 왠지 미워할 수 없는 사람도 있다. 귀찮은 점이 있지만 애교가 있거나 열심히 노력하거나 어떤 식으로든 주위 사람들을 배려하려고 하는 사람에게는 호감이 느껴지기 때문에 어느 정도 용납할 수 있는 것이다. 하지만 일단 그 사람에 대해 '그건 아니지.', '아아, 정말 싫어.'라고 판정해 버리고 증오심을 품으면 그 사람이 무엇을 하든 미워 보이기 시작한다.

사실은 '좋다'도 없고 '나쁘다'도 없다. 저마다 각자의 사정 속에서 살아가며 그곳에는 흰색도 검은색도 아닌 회색의 현실이 있을 뿐이다. 때문에 '좋다/나쁘다'라고 쉽게 판단하는 습관을 버리면 증오심이 약해진다.

나는 함께 있으면 피곤한 사람에 대해 종종 '왜 이 사람은 이렇게 되었을까?'라고 생각한다. 예를 들어 집요하게 캐묻는 사람의 경우는 '나이 탓에 건망증이 심해져서 어쩔 수 없어.'라고 생각하면 이해가 돼서 마음이 가라앉는다. 자기 자랑이 심한 사람이 있으면 '자기 어필을 해야 하는 환경에서 살아왔나 보다.'라고 생각한다. 좋은가 나쁜가가 아니라, 함께 있으면 피곤해지는 사람의 배경에는 반드시 어쩔 수 없는, 안타까운 사정이 있을 것이라고 생각하는 것이다

또한 '이 사람과 중학교 때 같은 반이었다면 어떤 느낌이었을까?'라고 생각해 볼 때도 있다. 아무리 피곤한 사람이라도 '중학생'에 초점을 맞추면 어느 정도는 귀엽게 느껴진다. '같은 반 친구였다면 어떤 식으로 상대했을까?', '어머니는 어떤 분이실까?' 등등 제삼자의 눈으로 바라보면 어떤 사람이든 인간다운 감정이 섞인 역사가 있음을 알 수 있게 된다.

그런 상상이 시간 낭비라고는 생각하지 말기 바란다. 적어도 자신이 보고 있는 부분은 빙산의 일각이며, 좋은 것도 나쁜 것도 아니고, 누구나 무엇인가의 영향을 받으며 살고 있고, 나 역시 다른 사람을 피곤하게 만드는 경우가 얼마든지 있을 거라고 겸허하게 생각하는 것도 도움이 된다.

중요한 것은 자신의 마음을 쓸데없는 증오심으로 더럽히지 않는 것이다. 상대의 마음에 들지 않는 점을 각자의 사정이 있어서 이런 현실에 다다랐다고 받아들일 수 있으면 지금보다 더 깊고 다정한 관계가 될 수 있을지도 모른다.

서로 웃을 수 있는 위치까지
거리를 잡자

4

"고맙습니다. 하지만 이제부터는 제가 할게요."

어떤 사람이 나에게 피곤한 사람이 되는 커다란 원인 중 하나는 서로의 거리가 너무 가깝거나 너무 멀기 때문이다. 두 사람 다 관계의 적당한 거리를 파악하지 못해서 일어난 일일 수도 있는 것이다. 이러한 거리감은 심리적인 것으로, 직장 동료에 대해 '때때로 너무 다가와서 짜증이 나.'라든지 애인에 대해 '곁에 있는데도 멀게 느껴져.'와 같이 눈에 보이지 않는 마음의 거리로 측정된다.

어떤 사람에 대해 이 심리적 거리가 너무 가깝거나 너무 멀 때 사람은 어떤 공포를 느끼며 피곤해지기 마련이다. 게다가 이렇게 소모되는 에너지는 보상을 받지 못하는 경우가 대부분이다.

인간관계로 크게 고민하지 않는 사람은 자신이 편하고 상대도 편한 '가깝지도 멀지도 않은' 정도의 거리를 '감각적으로' 유지하는 습관이 있다. 다음의 네 가지를 의식해 보면 좋을 것이다.

① 예의는 다하면서 웃는 얼굴로 있을 수 있는 거리에서 상대한다
거리감을 중요시하는 사람은 각자에 대해 마음 편한 거리를 유연
하게 발견한다. 서로에게 무리를 하거나 요구가 많아져서 '조금
많이 가까운가?'라고 느껴지면 거리를 벌리고, '조금 거리가 생겼
으니 말을 걸어 보자.'라는 식이다. 어떤 상대에 대해서든 인사나
감사 등 예의를 다하는 가운데 밀고 당기면서 웃는 얼굴로 있을
수 있는 거리를 찾아내면 된다.

② 상대의 말, 표정, 움직임에서 거리감을 파악한다
이야기하는 상대의 얼굴이 어두우면 슬쩍 물러서고 웃으면서 적
극적으로 응할 때는 거리를 좁히는 식으로 상대의 반응을 파악
하는 것도 중요하다. 의견을 말할 때는 상대의 상태를 확인한 다
음 적절한 타이밍과 말을 선택해야 한다. 자신의 리듬을 지키면
서 상대의 리듬을 받아들이는 평등한 관계일수록 인간관계가 오
래 지속된다.

③ 감정에 휩쓸리지 않고 냉정을 유지한다
남의 일을 자기 일처럼 도우려 하는 사람은 애정이 깊은 사람이
지만, 감정 이입이 지나치면 상대는 피곤해지거나 불안을 느끼기
도 한다. 제삼자의 눈이 되어서 냉정하게 바라보고, 서로 무리하

지 않고 의존하지 않는 정도의 '적당한' 선을 지키는 것이 상대와 좋은 관계를 유지하는 비결이다.

④ 협력할 때는 협력하고 즐길 때는 즐긴다

그렇다고 넓고 얕게만 사람을 사귀어서는 안 된다. 협력하고 함께 있을 때는 즐기면서 관계를 구축해 나가려 하는 자세가 중요하다. 인간관계는 '거울'이다. 밝은 얼굴을 보이면 밝은 얼굴을 돌려준다. 그러면 '피곤한 사람'이 '즐거운 사람'으로 바뀔 가능성도 있다.

함께 있으면 피곤한 사람에게서는
도망치는 것이 이기는 것

5

"……."

함께 있으면 피곤한 사람은 누구에게나 있다. 그런 사람과 함께 있을 경우 그 자리에 머무르면서 흘려 넘기거나 적당히 피하는 것이 바람직하지만, 나도 모르게 감정이 격앙될 때가 있다. 이럴 때는 도망치는 것이 상책이다.

피곤한 사람에 대해 내가 정한 규칙이 있다. '짜증이 나면 재빨리 그 자리를 뜨자.'이다. 감정적으로 대치한들 좋을 것 하나도 없다. 감정을 주체하지 못해서 내뱉은 가시 돋친 한마디는 절대 되삼킬 수 없다. 하고 싶은 말이 있을 때는 이성을 유지하며 최대한 좋은 표현을 사용하는 것이 나를 위하는 길이다.

어쨌든 흥분이 최고조 상태인 몇 분 동안은 그 자리를 뜨도록 하자. 그리고 차를 마시거나 다른 사람과 이야기를 나누다 보면 짜증났던 일조차 잊어버리게 되며, '감정이 격앙되어서 쓸데없는 소리를 하지 않아 다행이야.'라고 가슴을 쓸어내리게 될 것이다.

내 친구 중에는 피곤한 상사와 하루 종일 같이 있어야 해서 '도망칠 곳이 없는' 사람이 있는데, 그 친구는 퇴근길에 권투를 하면서 스트레스를 푼다.

"샌드백을 상사의 얼굴이라고 생각하면서 때리면 기분이 개운해져! 불쾌한 일이 있었어도 그렇게 스트레스를 풀어 버리면 다음날에는 웃는 얼굴로 상사와 이야기할 수 있으니 참 신기하단 말이야."

요컨대 그 친구에게는 권투가 '도피처'다. '뒤'에서 스트레스를 발산함으로써 '앞'에서는 평온한 척할 수 있는 것이다.

또한 마음이 치유되는 오아시스 같은 직장 동료나 이야기를 들어 주는 친구, 정신적인 버팀목이 되어 주는 휴일의 서클 활동이 도피처가 되는 경우도 있다. '도망친다'고 하면 소극적으로 생각될지 모르지만, 사실 스트레스를 극복하는 본질은 도망치는 것이다. 도피처가 있으면 견디기 힘들 만큼 괴로운 일에 직면했을 때 스트레스가 경감되고 극복할 희망을 발견할 수 있다.

일시적으로 '도망'을 생각하는 것은 대인 관계뿐만 아니라 업무, 육아, 돌봄 등 어떤 상황에서나 효과적이다. 반대로 말하면 도피처가 없는 사람은 일이 원활하게 풀리지 않았을 때 절망감을 느끼게 된다. 회사원의 경우는 '정 못 견디겠으면 그만두자. 이 일이 아니더라도 먹고살 방법은 얼마든지 있어.'라고 생각하면 마

함께 있으면 즐거운 사람, 함께 있으면 피곤한 사람

음에 여유가 생긴다. 실제로 써먹지는 않더라도 도망칠 방법이 있다고 생각해 놓는 것은 의미가 크다. 이따금 도망쳐 주면 피곤한 사람, 피곤한 것과도 잘 지낼 수 있다.

피곤한 사람이 좋아하는 것과 싫어하는 것을 알아 두자

6

"슈크림 케이크를 좋아하실 것 같아서 오는 길에 사왔어요."

상대에게 호의를 보이면 인간관계가 최악의 상황으로 치닫는 일은 거의 없다. 에너지 뱀파이어(피곤한 사람)에게 '당신을 싫어하지는 않아요.'라는 메시지를 가볍게 전해 준다면 상대가 악의를 품고 달려드는 경우는 없다는 말이다.

호의를 표현하는 방법 중 하나로 상대가 '좋아하는 것/싫어하는 것'을 알아 두는 것이 있다. 간단한 예를 들면, "슈크림 좋아하셨죠?"라며 예전에 들었던 말을 기억해서 적당한 선물을 해 보자. 상대가 좋아하지 않을 리가 없다(대부분은). 슈크림같이 구체적인 것이 아니더라도 초콜릿이나 사탕 등 간단한 과자류는 의외로 호의를 표시하기에 효과적인 '뇌물'이 된다. 인간은 단순한 동물이다. 그 밖에도 좋아하는 음료, 좋아하는 연예인, 좋아하는 노래,

함께 있으면 즐거운 사람, 함께 있으면 피곤한 사람

좋아하는 작가, 좋아하는 꽃 등 상대의 취향을 알고 있으면 대화할 때도 도움이 된다.

가까운 친구나 연인, 가족이라면 몰라도 그 정도로 가깝지는 않은 동료나 지인이 무엇을 좋아하는지 모르는 경우가 많다. 그렇기에 더더욱 대화에서 얻은 정보를 기억해 두었다가 작은 보답을 하면 그 사람은 감동하지 않을 수 없다.

좋아하는 것과 마찬가지로 상대가 소중히 여기는 것을 아는 것도 중요하다. 예를 들어 명예를 소중히 여기는 사람, 합리성을 추구하는 사람, 사람들의 시선이 중요한 사람, 겉모습을 중시하는 사람 등 어떤 '안경'을 쓰고 세상을 바라보고 있는지를 파악하면 상대가 할 법한 말, 할 법한 행동도 예측할 수 있기 때문에 마찰이나 스트레스가 크게 줄어든다. 피곤해지는 언동을 하기 전에 선수를 치거나 가까이 다가서거나 거리를 두면서 상대할 수 있는 것이다.

반대로 상대가 싫어하는 것도 기억해 둘 필요가 있다. 예를 들어 자신이 우위에 서지 않으면 심기가 불편해지는 뱀파이어에게는 일단 말을 걸어서 체면을 세워 준다. 지나치게 압박감을 주면 폭발해 버리는 뱀파이어라면 중간중간 응원을 해 준다. 이와 같은 식으로 상대가 싫어하는 것이나 약점을 알아서 대응하면 서로 피곤해지는 사태를 방지할 수 있다.

좋아하는 것을 주고 싫어하는 것은 주지 않는 것이 '사랑'이다. '사랑'은 뱀파이어에게 십자가와 같아서, 호의를 나타내는 사람에게는 적의를 품기 어렵다. 물론 천성적으로 함께 있으면 피곤한 사람도 있지만, 그것은 어쩔 수 없는 성격이니 포기하고 상대하자.

서로에게 피곤한 사람이 되지 않도록
예방하자
7

"룰루랄라~."

다양한 직장을 경험하면서 깨달은 사실인데, 에너지 뱀파이어 바이러스는 공기 감염을 통해 확산된다는 점이다. 함께 있으면 피곤한 사람이 짜증을 내거나 듣기 거북한 말을 하거나 거드름을 피우는 등 부정적인 감정이나 스트레스를 발산하고 있으면 같은 공간에 있는 사람도 금세 피곤해져서 자신도 모르게 다른 사람에게 화풀이를 하거나 매몰차게 굴게 된다. 그래서 하루 종일 분위기가 침울해지고 인간관계마저 나빠져 버린다.

이것을 '간접 스트레스'라고 한다는데, 상태가 심해지면 바이러스 숙주(피곤한 사람)가 방에 들어오기만 해도 기분이 우울해지는 '조건반사'를 일으키기도 한다. 뱀파이어에게 감염되지 않도록 상대의 부정적인 부분은 받아들이지 않으며 최대한 피할 필요가 있다.

아래는 함께 있으면 피곤한 사람을 접할 때의 주의 사항이다.

① 본심을 필요 이상으로 드러내지 않는다

자신의 속마음이나 본심을 필요 이상으로 드러내면 여러 가지 일에 엮이게 되어 간접 스트레스가 점점 더 심해진다. 악담이나 불평은 가급적 삼가자. 부정적인 분위기를 퍼뜨리는 데 동참하게 되기 때문이다. 사적인 이야기는 피하고 날씨나 연예계 소식 등 무난한 화제로 극복하자.

② 상대에게 휩쓸리지 않는다

상대의 말버릇이나 사고 패턴을 파악해서 휩쓸리지 않도록 주의하자. 사람을 피곤하게 만드는 발언은 기본적으로 근거가 없는 것일 때가 많다. 분위기에 휩쓸리지 말고 냉정해져서 스트레스가 될 만한 부분은 흘려 넘김으로써 자신의 감정을 보호하자. 공격적인 상대에게는 '저 사람이 뭐라고 말하든 나는 이 상태로 만족해.'라는 자기긍정으로 무장하고 의연해지는 것도 중요하다. 그런 '면역력'이 있으면 상대가 아무리 함께 있으면 피곤한 사람이라 해도 태연하게 지낼 수 있다.

③ 선수를 쳐서 먼저 행동한다

부정적인 상대에게는 선수를 쳐서 먼저 웃는 얼굴로 재미있는 이야기를 하자. 장황하게 이야기할 때가 많은 사람이 말을 걸었을 때는 처음부터 "지금 좀 바빠서……." 같은 핑계를 대고 피하자. 실수를 집요하게 들추어내는 사람에게는 사전에 "이렇게 하면 되나요?"라고 확인해 보자.

상대의 성질을 파악한 다음 '내게 어떤 말을 할까?'라고 상상력을 동원하면 대처법도 알게 된다. 내 마음의 건강은 스스로 지켜야 한다.

웃음·핀잔·바보짓으로
피곤한 대화에 방어막을 치자

8

"뭐, 전부 다 받아줄 필요는 없으니까."

함께 있으면 피곤한 사람의 한마디 한마디를 "그러네요."라며 진지하게 듣거나 "그렇지 않다고 생각합니다."라며 정색해서 반론하면 상황은 점점 더 피곤해진다. 그러니 '이거 피곤하겠는 데……'라는 생각이 든 시점부터는 피상적인 대화만 주고받자.

상대가 피곤한 내용의 이야기를 할 때 받아치는 방법으로 다음 세 가지가 있다.

① 웃는 얼굴로 흘려 넘긴다
받아칠 적당한 말이 생각나지 않는다면 일단 웃으면서 듣는 척하는 것이 최선이다. 특히 상대가 기분파이거나 거만한 사람일 경우는 심각해지지 말고 웃는 얼굴로 무난한 대답을 하면 된다. "그

런가요?" 등 마음에 없는 대답을 하다 보면 이야기가 끊어지게 되는데, 그때가 이야기를 자연스럽게 마무리하거나 다른 화제로 전환할 기회다. 다만 상대가 의도적으로 당신을 상처 입히려 할 때는 "그런 말씀을 하시면 상처 받습니다."라고 부드럽게 거부하자. 그래도 멈추지 않는다면 진지한 표정으로 확실하게 의사를 전달해도 된다.

② 핀잔을 준다

상대가 한심한 발언으로 이쪽을 곤란하게 만들었다면 핀잔을 주는 것이 만담의 패턴이다. 어렵게 생각할 필요 없다. 끝없이 계속할 것 같은 분위기에 제동을 거는 것이다. 예를 들면 이렇다.

부정적인 말을 반복하는 사람에게는 "에이, 무슨 말씀을 하시는 거예요(웃음)."

성희롱 발언을 하는 사람에게는 "그만하세요(웃음).", "농담도 잘하셔라(웃음)."

이것저것 캐묻는 사람에게는 "○○ 씨는 어떠세요?"

만담의 "뭔 소릴 하는겨?", "고마 해라."라는 핀잔 주기 패턴이다. 다만 핀잔만 주면 차갑게 들릴 수도 있으므로 싱글싱글 웃으면서 말하고, "그런데 오늘은……." 등 다른 화제로 즉시 전환하는 것이 요령이다. 그런 이야기는 듣고 싶지 않다는 완곡한 의사 표시가 된다.

③ 바보짓을 한다·얼버무린다

피곤한 사람이 나보다 지위나 연령이 높을 때는 핀잔 주기, 아래일 때는 바보짓으로 흘려 넘기는 것이 철칙이다. 이야기에 장단을 맞추어 주고 싶지 않을 때는 생글거리면서 "기억이 안 나서…….", "그런 일도 있었군요."라고 바보 연기를 하는 것이다.

현명한 연예인은 인터뷰에서 확실한 대답을 하고 싶지 않을 때는 웃으면서 "글쎄요. 어떨는지요.", "열심히 하고 있습니다."라고 얼버무린다. 정중하게 말하면 호감도가 떨어지지 않는다.

'전부 받아들이지 않는다.'라고 결심하면 마음이 훨씬 가벼워질 것이다.

화제의 시점을 바꿈으로써
분위기의 흐름을 바꾸자

9

"그건 당신의 능력이 출중해서 그런 거 아닐까요?"

피곤한 분위기를 마무리 짓고 즐거운 분위기로 전환하고 싶을 때
는 이야기의 주도권을 쥐어야 한다. 자신이 이야기의 중심이 되
라는 말이 아니다. 타인의 이야기를 들으면서 시점을 바꾸어 줌
으로써 이야기의 흐름을 바꾸라는 의미다.

어떤 문제가 일어났을 때 "왜 이렇게 된 거야?"라며 범인 찾기
를 하거나 실수를 저지른 사람의 인격을 부정하기 시작하는 사람
이 나타나기 마련인데, 이런 태도는 문제를 악화시킬 뿐 결코 도
움이 되지 않는다. 이럴 때는 문제를 해결하는 방향으로 화제를
바꾸자. "그러면 어떻게 해야 잘될 것 같아?"라고 시점을 바꾸어
주면 대화가 자연스럽게 그 방향으로 향하게 된다. 본래의 중요
한 부분에 초점을 맞추면 되는 것이다.

긍정적인 시점으로 전환해도 피곤한 분위기는 종결된다. 이를 테면 항상 "피곤해.", "나만 업무가 많아."라고 불만을 늘어놓는 사람에게 "그건 그만큼 ○○ 씨가 믿음직스럽기 때문이 아닐까요?"라고 말하는 식이다. "그건 ~ 아닐까요?"는 기분이 좋지 않은 사람에게 사용하면 큰 효과를 발휘하는 문장이다.

또한 상대가 관심을 보이든 말든 자기 자랑을 하고 싶어 하는 사람도 있을 것이다. 그럴 때는 상대의 이야기 속에 들어 있는 키워드를 바탕으로 초점을 옮겨 보자. 예를 들면 "지난주에 남자 친구하고 쇼난으로 드라이브를 갔는데……."라며 연인 자랑을 하고 싶어 하는 사람에게는 "쇼난에 갔다 왔어? 나도 예전에 자주 갔었는데. 에노시마는 가 봤어?"라는 식으로 '남자 친구'가 아니라 '쇼난'이라는 키워드에 초점을 맞추어서 이야기를 확대하는 것이다.

함께 있으면 피곤한 사람 중에는 일부러 상대를 상처 입히려고 심한 말로 공격하는 사람도 있다. 그런 사람에게는 상대에게 들은 말을 그대로 반복해 보기 바란다. 가령 지식이 부족해서 직장 선배에게 "그런 건 상식이잖아?"라는 말을 들었다면 담담하게 "그런 걸 상식이라고 하는군요."라고 앵무새처럼 복창해 보자. 자신이 던진 한마디가 다른 사람의 입을 통해서 돌아오면 '내가 말을 좀 심하게 했네.'라는 생각에 머쓱해질 것이다. 그럴 때 "저는 잘 모르니 가르쳐 주세요."와 같은 식으로 부드럽게 대화를 이어나가면 된다.

이 방법 저 방법을 써 봐도 피곤한 분위기가 사라지지 않을 때

함께 있으면 즐거운 사람, 함께 있으면 피곤한 사람

는 근처에 있는 사람에게 "○ ○ 씨는 어떻게 생각하세요?"라고 SOS를 보내는 것도 한 가지 방법이다. 다른 사람이 끼어들면 분위기가 누그러질 때도 있다.

중요한 것은 상대에게 이기는 일이 아니라 흐름을 바꿔서 좋은 분위기로 전환하는 것이다. 다만 진지한 이야기가 오갈 경우에는 말을 가로막는다는 나쁜 인식을 줄 수 있으므로 상황을 보면서 적절하게 사용하자.

상대에게 의견을 말할 때는
나 자신에게 솔직해야 한다
10

"사실 가장 정직해져야 하는 대상은 바로 나 자신이야."

여성의 사회 활동에 관한 세미나에서 알게 된 K라는 친구는 독일인과 일본인 사이에 태어난 혼혈이다. K는 매우 정직한 사람으로, 회의 도중에 수긍이 가지 않는 부분이 있으면 "저는 ~라고 생각합니다."라며 담담하게 자신의 의견을 밝혔다. 발언권이 강한 사람이 한 말을 반박하거나 회의의 흐름과 다소 동떨어진 의견을 말할 때도 감정을 잘 조절하면서 자신의 견해를 정확하게 전달하는 데 힘을 쏟았다.

K와 사적으로 친해진 이유가 그의 정직한 자세 때문인지도 모른다. 싫은 것은 싫다고 말하고, 문제가 있으면 타인의 의견에 귀기울이면서 함께 해결책을 모색했다. 자기 자신에게 정직하기에 나도 그를 안심하고 대할 수 있는 것이다.

함께 있으면 즐거운 사람, 함께 있으면 피곤한 사람

'상대의 심기를 불편하게 만들지 않을까?', '나를 싫어하게 되는 건 아닐까?'라는 걱정 때문에 하고 싶은 말이 있어도 꾹 참는 경우가 많다. 그러나 이래서는 서로가 무엇을 생각하는지 알 수가 없다. 이러한 상황은 마음의 벽을 만들고, 나아가 불신감으로 이어진다.

K는 내게 이런 이야기를 해 주었다.

"일본인은 자신의 의견을 말하지 않는 것이 어른스럽다고 생각하잖아? 하지만 독일에서는 의견을 말하지 않는 사람은 아직 어린아이이고 자신의 의견을 똑바로 전할 수 있어야 비로소 어른이라고 생각해."

일리가 있는 말이다. 지배자와 피지배자가 존재하던 시대에는 꿀 먹은 벙어리처럼 지배자의 말을 무조건 따라야 했겠지만, 현대 사회에서는 저마다 자신의 의견을 말할 수 있어야 한다. 나를 보호하고 주위 사람들과 함께 문제를 해결하며 신뢰 관계를 구축하기 위해서라도 나의 생각을 알리는 것은 반드시 필요한 일이다.

함께 있으면 피곤한 사람을 상대할 때는 특히 자신의 의견을 말할 기분이 들지 않기 마련이다. 사적인 관계라면 거리를 둘 수 있지만, 일상적으로 얼굴을 마주해야 하는 동료나 가족이라면 하고 싶은 말을 하지 않는 것도 스트레스가 되고, 막상 말을 하려고 하면 감정적으로 돌변하기 쉽다.

내게도 그처럼 '하고 싶은 말을 하지 못하는' 주박 같은 것이 어느 정도 있다. 그래서 인간관계로 피곤해지지 않기 위해 내가 생각해 낸 기본 방침이 '나 자신에게 거짓말을 하지 않는 것'이다. 인간관계를 심플하게 생각하기 위해서도 '나는 이것은 하고 싶지 않아.', '나는 이렇게 생각해.'라는 마음을 나 자신에게도 상대에게도 거짓말을 하지 않고 조금씩 드러내는 것이다. 내 의견이 받아들여지지 않더라도 서로를 이해하는 데는 도움이 된다. 부드러운 분위기에서 '모두에게 좋은 것은 무엇일까?'를 궁리하며 서로의 의견을 조율할 수도 있을 것이다.

정직하게 살자고 결심하기만 해도 상대의 의견도 받아들이자는 마음이 된다. 그리고 자신의 기분을 해방시켜 주면 서로 신뢰할 수 있는 사람들이 모여들게 된다.

함께 있으면 피곤한 사람을
극복해 낸 경험이 사람을 성장시킨다
11

"지나고 나면 알게 되겠지. 이 모든 인연이 참으로 소중했음을."

지인 중에 70대 여성이 있다. 매우 자유분방한 사람이다. 젊은 시절부터 자기주장이 강해서 조직 생활은 힘들겠다고 자각하고는 프리랜서로 활동해 왔다. 한편 자녀 세 명은 모두 견실한 회사원으로 성장했다.

어느 날 자녀들에게 자신으로서는 제대로 해낼 수 없었던 직장 생활을 충실히 하고 있음을 칭찬해 주었는데, 딸에게서 이런 대답이 돌아왔다.

"그야 당연하지. 엄청나게 피곤한 엄마하고 오랫동안 살아온 걸. 덕분에 인간적으로 크게 성장해서 회사에서의 인간관계 같은 건 아무것도 아니었어."

한편으로는 딸의 말이 서운했지만, "그렇구나. 생각해 보니 그렇겠네."라며 수긍했다고 한다.

함께 있으면 피곤한 사람이 눈앞에 있고 그 사람과 함께할 수밖에 없는 현실을 자각한 순간 누구나 그러한 현실을 극복하려고 한다. 사고방식이나 행동 패턴이 바뀌고 싶은 상황을 견디면서 조금씩 변화해 간다. 그리고 함께 있으면 피곤한 사람에 대한 '내성'과 그 상황을 타개하는 '지혜'가 쌓인다. 짜증나는 상황이나 갈등을 극복할 때마다 의식하지 못하는 사이에 인간관계에 대한 자신감도 커진다. 이런 표현이 적절한지는 모르겠는데, 누구나 이런 과정을 거치면서 '성장할 수밖에 없는 것'이다.

나 역시 지금까지 겪었던 '함께 있으면 피곤한 사람'을 되돌아보면 그런 사람들에게서 많은 것을 배웠음을 알게 된다. 마음에 들지 않았던 사람을 결국에는 좋아하게 된 경험, 의견이 맞지 않는 사람과 충돌하면서 함께 일했던 경험, 고립된 상태에서도 어떻게든 극복해 낸 경험 등 모든 만남과 인연이 의미 있는 일이었음을 뼈저리게 느낀다. 또한 '함께 있으면 피곤한 사람', '싫은 사람'으로 단정하고 인간관계를 끊지 않았던 덕분에 고마운 은혜를 입은 적도 많았다. 그리고 내가 무엇에 집중하고 있는가에 따라 같은 사람이 피곤한 사람이 될 수도 있고 즐거운 사람이 될 수도 있다는 사실을 깨달았다.

만약 내가 '나의 인생'밖에 몰랐다면 독선적인 사람이 되어서 좋지 않은 길로 갔을지도 모른다. 나와는 다른 인생, 다른 가치관을 지닌 사람이 있기에 나의 인생이 선명해지고 넓은 세상이 보

함께 있으면 즐거운 사람, 함께 있으면 피곤한 사람

여서 어떤 방향으로 나아가야 할지 감을 잡을 수 있었다. 피곤해짐으로써 반드시 얻게 되는 무엇인가가 있다는 말이다. 지나치게 피곤하다면 조금 멀리 떨어져서 마음의 영양분을 공급할 필요도 있지만…….

이 세상에는 수많은 사람이 살고 있지만, 인생을 살아가면서 만날 수 있는 사람의 수는 한정되어 있다. 어떤 사람을 만나든 '좋다/싫다', '용납할 수 있다/용납할 수 없다'라는 관점에서 생각하지 말고 이 사람이 무엇인가를 내게 가르쳐 주고 있다는 시점에서 바라본다면 마음가짐이 달라질 것이다.

우리의 인생은 인연을 맺은 한 사람 한 사람을 어떻게 받아들이느냐에 따라서 형성되어 가는 것이다.

김정환 옮김

건국대학교 토목공학과를 졸업하고 일본외국어전문학교 일한통번역과를 수료했다. 현재 번역 에이전시 엔터스코리아에서 출판기획 및 일본어 전문 번역가로 활동하고 있다. 『아무 이유 없이 불안할 때가 있다』, 『외모에는 반드시 그 사람의 심리가 드러나게 되어 있다』, 『습관을 바꾸는 심리학』, 『하버드의 생각 수업』, 『난 가끔 집에 가기 싫다』, 『청춘 명언』, 『로드바이크 진화론』, 『크리에이티브 클래스』, 『금방 괜찮아지는 마음』 등을 번역했다.

함께 있으면 즐거운 사람 · 함께 있으면 피곤한 사람
함께 있을 때 즐거운 사람에게는 없던 운도 생긴다

초판 1쇄 발행 2019년 7월 22일

지은이 아리카와 마유미
펴낸이 정덕식, 김재현
펴낸곳 (주)센시오

출판등록 2009년 10월 14일 제300-2009-126호
주소 서울 은평구 진흥로67 (역촌동, 5층)
전화 02-734-0981
팩스 02-333-0081
메일 nagori2@gmail.com

편집 이양훈
경영지원 염진희
디자인 Design IF

ISBN 979-11-967271-9-2 03190